청소년들의 진로와 직업 탐색을 위한
잡프러포즈 시리즈 54

무한한 가능성이 열리는
라이브커머스호스트

청소년들의 진로와 직업 탐색을 위한 잡프러포즈 시리즈 54

무한한 가능성이 열리는
라이브커머스호스트

쇼호스트 김정은 · 성우 김지혜 지음

TaLK SHOW

경험을 현명하게 사용한다면,
어떤 일도 시간 낭비는 아니다.

- 오귀스트 르네 로댕, Auguste Rodin -

미래는 현재 우리가
무엇을 하는가에 달려있다.

- 마하트마 간디, Mahatma Gandhi -

C·O·N·T·E·N·T·S

라이브커머스호스트 김정은의 프러포즈 _11

라이브커머스호스트 김지혜의 프러포즈 _17

홈쇼핑 여신이 왜 라이브 커머스를 _21
23년 차 성우 김지혜, 라이브 커머스에 관심을 가지다 _22
쇼호스트 김정은을 만나다 _26
홈쇼핑의 여신 _30
새로운 도전, 라이브 커머스 _34

언택트 시대의 쇼핑 트렌드, 라이브 커머스 _45
라이브 커머스가 뭔가요 _46
왜 라이브 커머스에 열광할까요 _47
TV는 지고 라방이 뜬다고요 _49
라이브 커머스의 특징은 무엇인가요 _55
라이브 커머스는 어떻게 성장해 왔나요 _59

나에게 맞는 플랫폼은 뭘까요 _67
라이브 커머스의 다양한 플랫폼을 소개해 주세요 _68
대한민국 대표 플랫폼 _82

방송 전 어떤 준비를 해야 하나요 _89

셀러 정하기 _90

대행사 찾기 _98

장비 세팅하기 _103

상품 준비하기 _107

방송 계획 짜기 _110

이벤트 기획하기 _112

실전 노하우를 알려주세요 _117

카메라 마주하기 _118

방송처럼 말하기 _122

상품 부각시키기 _130

어색함 극복하기 _134

다양한 기능 활용하기 _139

시청자와 소통하기 _141

셀링 포인트 잡기 _144

과장하지 않기 _148

중요한 특징 찾기 _151

돌발 상황 대처하기 _159

계절과 시간대 고려하기 _162

전체 시나리오 구성하기 _168

C·O·N·T·E·N·T·S

방송 진행하기 _172
생생하게 시연하기 _179
방송 마무리하기 _184

선배의 조언이 필요해요 _187
실력 향상을 위한 트레이닝 방안이 있을까요 _188
내 방송을 어떤 식으로 알리면 좋을까요 _193
이 직업에 필요한 능력과 적성은 뭐라고 보세요 _197
라이브커머스호스트를 꿈꾸는 학생이라면 어떤 준비를 하는 게 좋을까요 _208
이 직업이 사람들 그리고 이 사회에 어떤 영향을 미칠까요 _210
라이브커머스호스트를 꿈꾸는 사람들에게 어떤 역할을 하고 싶으세요 _213

라이브커머스호스트

라이브커머스호스트 김정은의 프러포즈

안녕하세요. 여러분^^

최근 들어 라이브 커머스나 이커머스, 쇼핑라이브라는 단어가 많이 들려오는데요. 라이브 커머스는 실시간 동영상 방송으로 상품을 판매하는 것이에요. 코로나가 유행하면서부터 대면보다는 비대면 온라인 쇼핑을 선호하게 되었고, 실시간 소통을 하면서 상품을 판매하고 살 수 있다는 편리성이 반영되어 최근 몇 년 동안 라이브 커머스 시장은 계속 성장하고 있죠.

저는 현대홈쇼핑에서 17년 동안 여행, 뷰티, 패션잡화 등 다양한 상품을 소개하고 판매하는 공채 쇼호스트로 활동하다가 2020년 5월 코로나가 퍼지기 시작하던 시기부터 프리랜서로 전향해 라이브커머스호스트가 되었어요. 그간의 경험을 살려 유튜브 크리에이터 강의도 하고, 중소기업청 유통센터 등에서 라이브 커머스 강의도 하고 있고요. 2022년 7월, 현재는 미국 퍼듀대학의 Visiting Scholar로서 한국 문화와 한국어 스피치 컬래버 프로젝트를 진행하고 있죠.

어려서부터 전 하고 싶은 게 많았어요. 꿈이 없다는 친구도 간혹 있던데 저는 의사와 아나운서라는 두 가지 꿈을 꿨죠. 이 두 직업은 전혀 다른 분야이지만 둘 다 너무 하고 싶더라고요. 처음엔 의사를 목표로 고등학교 때 이과를 선택했지만 결국 의대는 다 떨어지고 차선책으로 좋아했던 수학을 전공하게 되었어요. 의사라는 꿈을 이룰 수 없게 되자 대학에 들어가서는 또 다른 꿈, 아나운서를 향해 돌진했죠. 먼저 학교 방송국 아나운서로 활동하면서 공채 시험을 준비했고, 그러면서 국어국문학 복수전공까지 욕심내어 결국 수학과 국어국문학 복수전공으로 대학을 졸업했어요. 아나운서 시험을 준비하다 보니 신문방송학을 좀 더 깊이 있게 공부하고 싶어져서 연세대학교 일반대학원 신문방송학과에 들어가 조교 생활을 하면서 논문도 쓰고 석사학위까지 받게 되었고요.

공부를 하면서 KBS, MBC, SBS 등에서 리포터로 활동을 했는데, 그러던 중 우연한 기회에 쇼호스트라는 직업을 알게 되었어요. 대본도 없이 혼자 그 큰 무대의 쇼를 책임진다는 묘한 매력에 빠져 아나운서 시험 대신 현대홈쇼핑 공채 시험을 보게 되었고, 이렇게 쇼호스트가 되었지요. 17년 동안 다양한 상품을 공부하고 방송하면서 정말 재밌고 행복했어요. 특히 제가 좋아하는 여행 방송을 진행할 때는 더 신나고 즐겁게 방송한 덕분에 그 어떤 쇼호스트보다 큰 매출을 올려서 '여행의 신' 여신이라는 별명까지 얻게 되었죠.

2020년 들어 코로나가 심해지자 여행 방송들이 줄줄이 취소되었어요. 하지만 동시에 인터넷 라이브 커머스가 막 트려는 시기였기에 저는 오히려 새로운 기회를 잡을 수 있었죠. 지금 생각해 보면 하고 싶었던 게 많아서 수학, 국어국문학, 신문방송학까지 전공하고 MC와 리포터, 쇼호스트까지 해봤던 저의 다양한 경험이 멀티 라이브를 하고 전문 분야 강의를 하는 데 도움이 되었다고 생각해요.

저는 변화를 즐겨요. 조금은 두렵기도 하지만 도전할 때의 설렘이 저를 고양시키기 때문에 새로운 일, 새로운 시작을 좋아하죠. 현재를 즐기면서 최선을 다하다 보면 다시 새로운 기회가 찾아오더라고요. 그렇게 만난 게 라이브 커머스인데요. 이 분야는 제가 무엇보다 즐겁게 할 수 있는데, 돈까지 벌 수 있어 그야말로 최선의 직업이라 느껴져요. 게다가 앞으로도 발전 가능성이 높은 매력적인 분야이지요.

라이브 커머스는 단순 상품 판매의 목적뿐만 아니라 랜선 여행, 랜선 레스토랑, 랜선 패션쇼, 랜선 페스티벌 등으로 다양하게 활용할 수 있어요. 실제로 유명 해외 브랜드들은 라이브 커머스 방식으로 패션쇼를 진행하고 있죠. 유튜버가 꿈인 친구들은 라이브 커머스를 활용해 본인의 콘텐츠를 전 세계로 내보낼 수 있고, 전문가들은 나의 지식과 재능을 판매하고 나눌 수 있으며, 실시간 소통을 하는 공간이기에 즉각적인 피드백까지 받을 수 있지요. 이것도 저것도 하고 싶은 게 많은 당신, 소중한 그 꿈을 키워가세요. 그리고 도전하세요. 당신의 재능을 라이브 커머스로 판매할 수 있답니다.

멀티 쇼호스트, 크리에이터 선배 김정은

라이브커머스호스트 김지혜의 프러포즈

안녕하세요? 여러분

성우 김지혜예요. 성우가 라이브 커머스라니 조금 이상하게 느껴지나요? 다소 낯설 수도 있겠지만 라이브 커머스는 어떤 직업에 종사하든 관심만 있다면 누구나 해볼 수 있답니다.

저는 KBS 성우이면서 동시에 어린이, 청소년 스피치를 위한 교육 프로그램 출판 사업도 하고 있어요. 애니메이션 더빙을 활용한 교구, 교재를 직접 제작해 판매하고 있죠. 그러다 보니 자연스럽게 라이브 커머스에 관심을 가지게 되었어요. 내가 만든 교재를 스마트스토어에 올려놓고 판매되기만을 기다릴 게 아니라, 내가 직접 방송으로 교재를 팔아보고 싶다는 생각이 들었던 것이죠.

그래서 뛰어든 라이브 커머스의 세계는 정말 신기하고 흥미로웠어요. 스마트폰만 켜면 그 안에서 많은 소비자를 직접 만날 수 있었죠.

내가 알려주고 싶은 것들을 마음껏 설명할 수 있고 보여줄 수 있다는 게 정말 매력적이었어요. '세상은 이렇게 바뀌고 진화하고 있구나.'라는 걸 실감하게 되었고요.

라이브 커머스는 저 같은 성우뿐 아니라 방송을 한 번도 해보지 않은 일반인도 얼마든지 할 수 있으며, 진심으로 꾸준히 소비자에게 다가가면 상당한 매출도 올릴 수 있어요. 무한한 가능성이 열려있는 세계랍니다. 초기 자본이 없어서 근사한 장소에 가게를 오픈하지 못해도 스마트폰 속 세상에서 얼마든지 장사해 볼 수 있다는 건 라이브 커머스만이 가지고 있는 큰 매력이죠.

그래도 여전히 두렵고 생소하게 느껴지나요? 그렇다면 본문으로 들어오세요. 제가 경험한 라이브 커머스의 세계를 더 자세하고 알기 쉽게 설명해 드릴게요. 성공과 행복은 어디서 어떻게 얻어질지 모른답니다. 많은 것들을 경험하고 부딪치며 열심히 하다 보면 생각지도 못한 곳에서 성공의 물줄기가 파바박 솟아오를 거예요.

㈜보이스투보이스 CEO, KBS 성우 김지혜

홈쇼핑 여신이
왜 라이브 커머스를?

쇼호스트 김정은 – 김정은
성우 김지혜 – 김지혜

23년 차 성우 김지혜,
라이브 커머스에 관심을 가지다

김지혜 성우인 저는 왜 라이브 커머스에 관심을 가지게 되었을까요? 저는 23년째 성우로 활동하면서 현재는 교육 사업도 하고 있는데요. 이 사업과 관련해 제가 직접 개발하고 특허까지 받은 제품이 있어요. 애니메이션 더빙북이라고 일종의 교재죠. 이 교재를 초등학교 방과후 교실에 판매했었는데, 코로나로 인해 방과후 교실이 운영을 하지 않게 되면서 제품의 판로를 잃게 되었어요. 그러다 B To C로 일반 소비자에게 판매를 해보면 어떨까 싶어 라이브 커머스를 떠올리게 되었죠. 스마트스토어에 저희 교재를 입점시키고 라이브 방송을 통해 교재를 일반 소비자들에게 노출시켜보고 싶었어요. 그러던 즈음이 평소 친하게 지내왔던 후배 김정은 쇼호스트가 현대홈쇼핑에서 나와 라이브 커머스에 첫발을 내딛던 시기였어요. 김정은 쇼호스트가 라이브 커머스를 통해 교재를 판매해 보는 게 어떻겠냐는 제안을 해왔고, 새로운 판매 경로를 찾고 있던 차라 함께 판매를 하게 되었죠.

김정은 제가 알던 선배 김지혜 성우라면 라이브 커머스 진행도 굉장히 잘할 것 같다는 생각이 들었어요. 일반 소비자에게 교재를 판매할 수 있는 새로운 판로가 열릴 수 있으니 우선 빨리 스마트스토어를 만들라고 했죠. 지금은 각종 규제가 많이 생겼는데, 당시는 지금처럼 규제가 없을 때라 거의 아무런 제약 없이 시작할 수 있는 좋은 기회였거든요.

김지혜 덕분에 정말 운 좋게 별다른 어려움 없이 시작할 수 있었죠. 그렇게 23년 차 성우와 17년 차 쇼호스트가 첫 라이브 방송을 시작하게 되었는데요. 당시는 라이브 커머스가 막 시작하는 단계라 저희도 경험이 없어서 이걸 어떻게 해야 할까 수없이 연구했어요. 아무것도 모른 채 처음 시도해 보는 상황이라 시행착오도 많았고요. 정보가 없으니 이렇게도 해보고 저렇게도 해보는 수밖에 없더라고요. 그땐 심지어 스마트폰으로 이걸 어떻게 찍어야 할지도 고민이었죠. 오직 경험을 통해 라이브 방송을 하기 위해서 꼭 필요한 것들을 하나하나 습득해 나갔어요. 어느 날은 네이버에서 라이브 방송을 했는데 중간에 영상이 사라진 거예요. 뭐가 문제인지 파악하기 위해 네이버에 전화를 했는데 받지를 않아서 메일을 보냈는데 AI하고만 대화를 할 수 있더라고요. 그 문제를 해결하기 위해 하루 종일 AI와 얘기를 주고받았던 일도 생각나네요. 그런 과정을 겪어 보니 처음 라이브 커머스를 시작하는 분들이라면 어떤 걸 가장 궁금해할지 알게 되었죠. 그런 것들에 대해 얘기도 나누고, 그동안 라이브 커머스를 진행하면서 겪었던 여러 가지 실수를 통해 배운 것들을 여러분들과 나누고 싶어 이 책을 내게 되었어요.

쇼호스트 김정은을 만나다

김지혜 홈쇼핑 경력이 꽤 길죠?

김정은 2004년부터 2020년 6월까지 현대홈쇼핑에서 근무했으니 16년 이상을 전속 쇼호스트로 활동했네요. 지금까지 18년째 쇼호스트로 활동 중이고요. 현대홈쇼핑에 있는 동안 뷰티, 여행, 패션, 리빙, 가전, 의료기기, 건강의료식품, 유아동, 렌털 등 거의 모든 상품군을 진행했어요. 여행 특별전에서 방송 35분 만에 2만 7천 콜로 업계 최초 최대 신기록 방송을 했었고, 원데이 특별전에서는 패션, 뷰티, 여행 가방, 렌터카, 의료기기, 여행, 렌털, 무형상품 등으로 하루 10억 이상 매출을 달성하기도 했죠. 현대홈쇼핑에서 근무한 16년 동안 누적 매출은 2조 이상이고요.

김지혜 주로 어떤 상품들을 판매했나요?

김정은 제가 메인으로 가장 자주 판매한 제품은 패션잡화와 여행 상품이었어요. 패션잡화 중에서도 기능성 슈즈, 일반 패션 슈즈와 부츠 등을 굉장히 많이 판매했죠. 샘소나이트 아메리칸 투어리스터 등 여행 가방도 자주 판매했는데요. 언젠가 그 상품을 원데이 특별전으로 편성해 1부, 2부로 진행했는데 그 방송은 정말 수많은 분이 봐주셨어요. 공항에 가면 제가 판매한 여행 가방을 끌고 가는 사람들이 정말 많았죠. 그 외에도 건강기능식품의 경우 처음 크릴오일이 나왔을 때 방송을 시작해서 엄청나게 판매했었고, 황성주 생식이나 선식, 다이어트 식품도 판매했어요. 의료기기 중에서는 헤어빔 탈모 치료 의료기기도 판매했었고, 요즘 많이들 사는 세라젬 의료기기도 홈쇼핑 론칭 방송 때 함께 했었죠. 여행 상품의 경우 유럽, 미국, 캐나다, 코카서스 3국 등 웬만한 여행지는 모두 해봤고요. 홈쇼핑에서 판매하는 여행지는 거의 다 해봤다고 보면 될 거예요.

김지혜 판매량도 많았나요?

김정은 그럼요. 앞서 얘기했듯 다양한 상품군에서 하루 10억 이상의 매출을 달성했죠. 여러 상품군 중에서도 단가가 높은 제품의 방송을 하면 그만큼 높은 매출을 올릴 수 있었어요. 예를 들어 안마의자, 세라젬 의료기기나 렌터카처럼 단가가 높은 것들은 10~20억 정도 매출이 나오죠. 렌터카 같은 경우는 차 한 대 가격이 5~7천만원 정도 하기 때문에 당연히 매출이 높을 수밖에 없어요. 렌터카처럼 상담 전화 예약을 받는 상품은 상담 전화 콜수 대비 전환율로 매출이 잡혀요. 분양권을 판매했을 땐 훨씬 금액 단위가 컸죠. 주말

Job
Propose 54

같은 경우 방송을 보는 사람들이 많기 때문에 목표 금액도 높아요. 주말 방송 특별전을 하게 되면 한 시간 방송해서 5~6억의 매출을 올리기도 하고, 많으면 10억까지 가기도 하죠. 여행 상품도 코로나 전에는 그 정도 매출이 나왔어요. 이후 라이브 커머스에서 유한킴벌리 제품을 판매한 적이 있는데, 한 시간 매출이 1억 6천만 원 초반이었어요. 라이브 커머스에서 1억을 넘기기는 쉽지 않은데 예외적으로 굉장히 좋은 성과를 냈죠. 요즘엔 대형 가전이나 특별기획전과 같은 방송의 경우 보통은 3억에서 5억 정도 나오고, 잘될 때는 그 이상 나오기도 해요.

홈쇼핑의 여신

김지혜 홈쇼핑의 여신이라고 불린다고요?

김정은 홈쇼핑의 여신이란 게 뷰티풀 여신은 아니고, 여행의 신이 란 의미예요. 제가 현대홈쇼핑에서 특히 많이 판매했던 제품이 여 행 상품이었거든요.

김지혜 코로나가 발생하기 전만 해도 황금시간대인 주말 저녁에 TV를 틀면 항상 여행 상품을 팔고 있었어요.

김정은 그 시간대에 여행 상품 판매를 많이 했기 때문에 홈쇼핑을 안 보는 분들도 주말 예능인 〈런닝맨〉이나 〈1박 2일〉, 〈무한도전 〉, 〈놀면 뭐하니?〉 등이 끝나서 채널을 돌리다 보면 저를 볼 수밖에 없었죠. 홈쇼핑으로 일반 상품을 구매하지 않는 사람들도 여행 상 품이 방송되면 시청하는 분들이 많았고, 더러 구매까지 하는 분도 꽤 있었어요. 여행 상품은 홈쇼핑이 참 좋더라는 말을 해주신 분들 이 많았는데, 실제로도 그렇죠. 여행 상품의 경우 화면을 통해 보여 주는 것은 일단 거의 모두 제공하거든요. 일정에 들어가지 않는 게 화면으로 나가면 고객들이 나중에 컴플레인을 하기 때문에 불필요한 장면은 넣지 않고, 돈을 따로 내야 하는 게 있다면 정확하게 짚어주기 때문에 고객 만족도가 높죠. 우리가 보통 패키지여행을 가게 되면 경비에 포함된 사항과 불포함된 사항이 나뉘고, 불포함 사항과 옵션이 많아서 추가 비용이 꽤 드는데요. 홈쇼핑의 경우 짧은 시간 동안 3~5천, 많게는 만 명 이상이 예약을 하기 때문에 제공 가능한 사항을 늘릴 수 있고 특혜를 주는 것도 가능하죠.

김지혜 특별히 여행 상품을 자주 방송한 이유가 있나요?

김정은 쇼호스트가 되기 전부터 여행을 좋아했어요. 동생이 미국에 있어서 어렸을 때부터 1년에 한두 번은 미국이나 캐나다에 갔죠. 대학을 졸업하고는 아빠 덕분에 두 달 동안 유럽 여행을 갈 기회도 있었고요. 어학연수 중에도 계속 여행을 다녔어요. 그러다 보니 다녀본 곳이 점점 늘더라고요. 사실 여행 상품을 진행하는 쇼호스트들의 경우 바쁘기 때문에 자신이 판매하는 여행지에 갔다 온 사람보다는 갔다 오지 않은 사람들이 많은데요. 저는 여러 나라를 여행하면서 실제로 가봤던 지역을 방송하게 되는 일이 잦았어요. 그럴 때면 아무래도 전달할 정보도 더 많고, 익숙한 곳이라 더 편하게 진행을 하게 되죠. 생생한 느낌을 전달하기도 쉽고요. 또 여행을 좋아해서인지 가보지 않은 곳이라 해도 즐겁게 방송을 하다 보니

Job
Propose 54

그런 제 마음이 전달되었나 봐요. 홈쇼핑의 여행 상품은 방송 시간 대가 거의 비슷했는데, 대부분은 제 방송의 매출이 더 높았죠. 그렇 게 여행의 신, 여신이라는 별명을 얻게 되었어요.

새로운 도전, 라이브 커머스

김지혜 17년 경력의 베테랑 쇼호스트가 어떻게 라이브 커머스를 하게 되었나요?

김정은 현대홈쇼핑에 입사해 16년을 넘게 근무하면서 이직의 기회도 있었고 다른 업체에서 러브콜을 받기도 했지만 모두 거절했어요. 한 회사에 오래 몸담으며 경력을 이어나갔죠. 그러다 시대의 흐름이 변하는 걸 느꼈고, 저도 그 흐름에 맞게 변화를 준비해야 할 시기라고 생각했어요. 그러던 즈음 2020년 전 세계를 강타한 코로나로 인해 여행 방송을 할 수 없게 되면서 새로운 출구를 찾아야 했어요. 저는 패션잡화나 화장품, 생활용품 등 다양한 상품군을 판매하긴 했지만, 여신이란 별명에 걸맞게 여행 상품 편성을 많이 받았는데 여행 상품이 계속 줄어드는 거예요. 여행 가방 같은 상품도 마찬가지고요. 그런 상황을 마주하면서 이제 앞으로는 새로운 분야로 눈을 돌려야 한다고 생각했어요. 여러 분야에 대해 고민했는데, 그중 네이버 쇼핑라이브와 같은 라이브 커머스 분야가 가장 흥미롭게 다가오더라고요.

김지혜 라이브 커머스가 그전부터 있긴 했는데 사람들에게 널리 알려진 건 아니었죠. 소수의 몇몇 사람들만 하는 정도였는데 코로나로 인해 갑자기 매출이 급상승하고 많은 사람이 관심을 가지게 되었어요. 그런 분들이 너도나도 쇼핑라이브를 시작한 게 2020년 5~6월이죠.

김정은 맞아요. 라이브 커머스는 예전에도 있었지만 중구난방이었죠. 지금처럼 제대로 하는 것도 아니었고 매출이 높았던 것도 아니었는데, 코로나 이후로 많은 사람이 관심을 가지게 되었어요. 그러자 홈쇼핑 쇼호스트인 저에게 섭외가 들어왔죠. 초기여서 그런지 홈쇼핑에서 받는 연봉보다 훨씬 높은 금액을 제시하면서요. 욕심이 있어서 제대로 해보고 싶은 분들이 쇼호스트를 섭외하기 위해 연락을 하더라고요.

김지혜 아나운서들이 인기가 많아지면 프리 선언을 하듯이 인지도가 높아진 쇼호스트가 프리 선언을 하고 높은 페이를 제시하는 곳으로 이직한 거라고도 할 수 있겠네요.

김정은 전 처음에 홈쇼핑과 라이브 커머스를 동시에 할 수 있는 줄 알았어요. 회사에 소속되어 있긴 하지만 쇼호스트는 모두 프리랜서거든요. 크게는 회사에 입사한 소속 프리랜서와 어디에도 속하지 않은 완전 프리랜서 둘로 나뉘고요. 저와 같은 소속 프리랜서의 경우 회사의 상품만 판매할 수 있더라고요. 회사와 협의해 판매 목적이 아닌 방송 출연은 가능하지만 상품을 판매할 목적으로 타 방송에 출연해서는 안 되는 거죠. 그렇기에 큰 결단을 내릴 수밖에 없었어요. 고민 끝에 오래 몸담았던 회사를 떠나 새로운 시장으로 뛰어들었죠.

김지혜 만약 코로나가 발생하지 않아 우리가 예전처럼 여행을 계속하고 있었다면 새로운 도전은 없었을 수도 있겠네요. 어떻게 보면 코로나라는 위기가 기회가 되었어요. 그럼 이제 현재 진행하고 있는 라이브 커머스에 대해 얘기해 볼까요?

김정은 2020년부터 현재까지 제주감귤농협과는 꾸준히 불로초나 제주 애플망고 등 명품 과일 방송을 진행하고 있어요. 2021년 여름에는 농협중앙회와 함께 케이멜론 홍보대사로 있으면서 〈홍보대장 정쇼〉를 진행했었죠. 곡성에서의 1탄을 시작으로 영암에서 2탄을 했고, 3탄은 서울에서 4탄은 경주, 5탄은 추석 특집으로 한복을 입고 진행했어요. 화장품 브랜드인 스킨액츄얼리, 덤액츄얼리라는 상품도 방송하고 있어요. 그동안은 세브란스나 유명 피부과 같은 병원에서만 판매하고 있었는데, 라이브 커머스를 통해서도 소비자들과 만날 수 있게 되었죠. 초반에 콘셉트를 잡는 것부터 시작해서 지금까지 꾸준히 방송하고 있는데 거의 매 방송 매진을 기록하고 있어요. 신상품이 나오거나 특허 등의 새로운 이슈가 있을 때마다 특집전 방송을 진행하기도 하는데, 개인적으로도 너무나 좋아하는 상품이라 미국에서의 특집전도 기획 중이죠. 건강기능식품으로는 연세생활건강 방송을 하고 있는데, 2020년 처음 홍보 방송을 시작했을 때부터 지금까지 매주 목요일마다 꾸준히 방송을 진행하고 있지요.

김지혜 자체 채널도 운영하고 있다고요?

김정은 세 명의 멤버들이 모여 3LIFes라는 채널을 운영하고 있어요. 대행사 역할도 하고, 콘셉트 기획도 하고 있죠. 저희 채널에는 원칙이 있는데요, 모든 멤버의 마음에 든 상품이라야 방송을 할 수 있다는 거예요. 저에게 어떤 제품을 의뢰했는데 저 혼자만 마음에 들어서는 방송을 할 수가 없는 거죠. 보통 일반적인 대행사의 경우 금액이 맞으면 매칭을 해주기도 하지만 3LIFes는 세 메인 멤버 모두에게 괜찮은 제품이라는 확신이 있어야 진행이 돼요. 셋이 사용해 본 결과 기능이 별로라거나 지인들에게 자신 있게 추천할 수 없는 제품은 죄송하지만 못하겠다고 거절을 하고 있죠. 아무리 좋은 제품이라 하더라도 판매할 자신이 없는 것 역시 거절하고 있고요.

김지혜 의뢰가 들어온다고 모두 하는 것이 아니라 세 명의 여자들이 깐깐하게 살펴보고 정말 괜찮다 싶은 상품만 판매하는 거군요. 엄선된 고품질의 상품만을 판매한다는 전략을 통해 3LIFes의 제품은 무조건 믿어도 된다는 인식을 심어줄 수 있을 것 같네요.

김정은 그런 원칙이 있다 보니 선택을 받지 못한 곳이 정말 많아요. 홈쇼핑 관련 업체에서도 연락이 자주 오고, 그 외의 여러 곳에서 부탁을 받는데요. 저를 프리랜서로 섭외하고 제가 그 채널에 가서 판매를 하는 건 괜찮아요. 다만 3LIFes라는 이름을 걸고 판매하는 것들은 세 멤버의 확신이 있어야 하죠. 18년간 쇼호스트 생활을 하면서 좋은 상품을 보는 눈이 생겼어요. 경험에서 나온 안목을 바탕으로 이 채널에서만큼은 흔들림 없이 소비자들이 정말 좋아할 만한 제품을 골라 방송하고 싶어요.

김지혜 쇼호스트는 상품이 마음에 들든 안 들든 배정된 물건을 팔아야 하는 사람이잖아요. 내키지 않는 제품도 소개할 수밖에 없는 상황을 겪으면서 정말 좋은 상품만을 선별해서 직접 판매해 보고 싶은 욕심도 들었을 거라 생각해요. 그런 면에선 성우도 마찬가지예요. 캐스팅이 되면 주어진 역할을 연기할 수밖에 없는데, 그러다 보면 내가 직접 PD나 제작자가 되어 원하는 배역을 하고 싶다는 욕심이 생기거든요.

김정은 홈쇼핑에선 상품이 담당 MD에게 선택받지 못하거나 QA 등에 통과가 되지 않으면 입점할 수가 없어요. 그것처럼 저희가 MD도 되어 까다롭게 상품을 고르는 역할까지 하는 거죠.

김지혜 채널의 대표적인 상품이 궁금해요.

김정은 제주감귤농협의 불로초와 제주 애플망고, 케이멜론, 미국의 백악관 쿠키 그리고 스킨액츄얼리 화장품이 3LIFes가 함께하는 대표 상품이에요. 이런 것들은 모두 백화점에 입점이 되어 있고 가격이 다소 비싼 편인데요. 사실 라이브 커머스의 경우 비싼 상품은 잘 팔리지 않는다는 게 정설이었거든요. 그런데 그 판을 저희가 깼죠. 저희 채널에서는 좋은 상품만 엄선해 판매한다는 인식이 생겨서 금액이 좀 높더라도 구매를 해주시더라고요. 라이브 커머스계

미쉐린 한식 1호쉐프 '유현수' 두레유 라이브커머스 런칭 방송 진행

이주복 기자 · 승인 2021.11.18 19:27

댓글 0

사진제공 : 두레유

대한민국 미쉐린 한식 1호쉐프 유현수가 두레유 라이브커머스 런칭 방송을 진행 한다고 밝혔다.

의 명품 스토어가 되었죠. 또 얼마 전에는 유현수 셰프의 미슐랭 한식 1호 레스토랑 '두레유'의 코스 요리 방송을 했는데요, 완전 대박이 났어요. 레스토랑 식사권이라는 남들이 하지 않은 분야를 방송했더니 이슈가 되어 기사가 나기도 했죠. 방송 한 시간 동안 실제 코스 요리를 보여주고 먹고 랜선 소통까지 했는데 반응이 뜨거웠

DINT

영남이공대학교 더모델즈과와 함께하는 "DINT 라이브방송"
DINT 협찬 제품을 패션쇼와 함께 만나보세요.

패피쇼호스트 김정은님

감성배우 아히안님

쇼핑 LIVE

2021년 9월 8일 수요일 오후 7시

어요. 영남이공대 라이브커머스학과와 함께한 패션쇼 라이브 커머
스 또한 굉장히 화제가 되었지요. 갈수록 새로운 것에 도전하는 일
이 재미있고 보람차네요.

언택트 시대의 쇼핑 트렌드, 라이브 커머스

라이브 커머스가 뭔가요?

김지혜 라이브 커머스에 대해 설명해 주세요.

김정은 라이브 스트리밍Live Streaming과 전자상거래E-Commerce의 합성어인 라이브 커머스Live Commerce는 웹이나 애플리케이션 등의 플랫폼을 통해 실시간 동영상 스트리밍으로 상품을 소개하고 판매하는 온라인 채널이에요. TV 홈쇼핑과 달리 채팅창을 통해 시청자와 양방향 소통이 가능하다는 특징을 가지며, 이를 이용해 상품에 대한 여러 가지 문의를 간편하게 진행할 수 있죠. 코로나 사태로 비대면 비접촉을 추구하는 언택트 경제가 급부상하면서 백화점과 편의점, 화장품 업체 등에서 더욱 활발하게 활용하고 있어요. 네이버의 '쇼핑라이브', 카카오의 '톡 딜라이브', 티몬의 '티비온라이브', CJ올리브영의 '올라이브', Hmall의 '쇼핑라이브', OK캐쉬백의 '오라방', 롯데백화점의 '100라이브', 쿠팡의 '쿠팡라이브', 그립의 '그립라이브' 등이 국내의 대표적 라이브 커머스 플랫폼이에요. 초반에는 그립이나 네이버 쇼핑라이브 정도밖에 없었는데 현재는 쿠팡라이브도 생기고 시장이 커졌죠.

왜 라이브 커머스에 열광할까요?

김지혜 왜 많은 사람들이 라이브 커머스에 주목하고 열광할까요? 라이브 커머스만의 매력이 궁금해요.

김정은 처음엔 코로나 사태가 끝나면 라이브 커머스의 인기도 끝날 거라고 생각했어요. 코로나 시대의 일시적인 돌파구 정도로 생각한 거죠. 그런데 코로나가 장기화되면서 사정이 달라졌어요. 사람들의 생활 패턴이 코로나 시대에 맞춰 변화했거든요. 업체나 협력사 직원들을 만나 얘기를 나눠봐도 공통된 의견을 제시하죠. 이 시점에서 라이브 커머스를 하지 않으면 뒤처진다는 거예요. 예전엔 오프라인에서 판매자를 직접 보고 쇼핑하는 게 익숙했던 시대였고, TV 홈쇼핑이 등장하면서는 채널을 돌리다 우연히 내가 필요한 상품을 소개하니까 쇼핑을 하는 시대였죠. 그러다 이제 네이버나 쿠팡 등을 통해 인터넷 검색으로 필요한 제품을 쇼핑하는 시대가 왔어요. 젊은 사람들에게 인터넷 쇼핑은 가장 익숙한 쇼핑 형태가 되었지만, 텍스트와 이미지로만 상품을 접한다는 게 아쉬움으로 남아 있었죠. 그러던 차에 라이브 동영상을 통해 제품을 보고 실제 사용하는 모습을 여러 각도로 확인하며 실시간으로 소통까지 할 수 있게 된 점에 사람들이 열광하기 시작했어요. 특히 보고 있는 상품에 대한 궁금증을 바로 물어볼 수 있고, 질문하면 또 바로 대답을 해준다는 점은 사람들에게 큰 매력으로 다가갔죠. 인터넷 쇼핑의 경우 궁금한 게 생기면 게시판에 글을 남겨야 하고 한참 뒤에야 답변을 들을 수 있잖아요. 라이브 커머스는 판매자와 소비자가 빠르게 소통할 수 있다는 굉장한 매력을 가지고 있죠. 이 점은 판매자에게도 긍정적인 영향을 미쳐요. 판매자가 바로 궁금증을 해소해 줌으로써 소비자가 마음을 움직이게 되면 이는 매출로 이어지니까요. 이제 스마트폰으로 쇼핑을 하고 유튜브를 보는 게 너무나 익숙한 세상이 되었죠. 라이브 커머스는 사는 사람과 파는 사람 모두를 만족시키며 코로나 사태가 끝나더라도 계속해서 사람들의 관심 속에 있을 거라 생각해요. 쇼핑의 기준이 이미 한 단계 올라갔거든요.

TV는 지고 라방이 뜬다고요?

김지혜   요즘엔 매출을 바라고 방송을 하는 것보다는 매주 꾸준히 상품을 소개한다는 느낌으로 가는 것 같아요. 일종의 스마트스토어 관리에 들어가는 거죠. 검색어를 잘 선택해서 상위에 노출시킨 다거나 하는 등의 스마트스토어를 띄우는 방법이 있거든요. 유튜브에도 스마트스토어에서 1위 하는 법이 올라와 있죠. 제가 아는 한 분도 스마트스토어를 운영하는데 이런 방법들을 잘 활용해서 1위까지 올라간 적이 있어요. 예를 들어 스마트스토어가 노출되면 소비자들이 상품의 상세페이지와 더불어 라이브 커머스 영상도 같이 볼 수가 있으니까 그 방송 시간에만 매출이 발생하는 게 아니라 그 이후에도 매출이 계속 발생하는 거예요. 그런 것을 염두에 두고 라이브 커머스를 하는 사람도 많죠.

김정은   분위기가 확 바뀌고 있어요. TV 홈쇼핑 위주로 돌아가던 시절에는 라이브 커머스를 무시하는 경향이 있었죠. 해봐야 매출이 얼마나 나온다고 하면서 하찮게 생각했거든요. 홈쇼핑에도 T커머스라고 해서 녹화 방송이 있고 그 외에도 채널이 여럿 있어요. 예를 들어 현대홈쇼핑의 경우, 현대홈쇼핑 라이브 방송도 있지만 녹화 채널인 플러스샵도 있고 H몰 라이브쇼도 있죠. 각 홈쇼핑마다 채널이나 자체 라이브 쇼가 있긴 하지만 활성화되어 있진 않았어요. TV와는 매출 규모에서 너무 큰 차이가 나니까 투자를 거의 하지 않았거든요. 당시 TV 홈쇼핑의 매출이 좋았던 이유는 드라마의 시청률과도 연관이 있었어요. 〈허준〉 같은 인기 드라마의 경우 10시에서 11시 사이에 방영을 했는데, 드라마가 끝나서 시청자들이 채널을 돌리는 그때 홈쇼핑에서 가장 매출이 좋고 핫한 상품을 배정했어요. 누구든 보면 사고 싶은 상품을 사람들이 TV를 가장 많이 보는 시간대에 편성해서 그 시간에 방송하게 되는 업체는 10억 이상의 매출을 올리는 일이 많았던 거예요. 그런데 지금은 어떤가요? 채널이 너무나 많고 예전처럼 기록적인 시청률이 나오는 드라마도 없죠.

김지혜 게다가 드라마를 꼭 본방으로만 보진 않잖아요.

김정은 맞아요. 넷플릭스 등 다양한 OTT를 통해 내가 보고 싶은 시간에 보죠. 영상을 접하는 사람들의 패턴이 예전과는 달라졌어요. 그러한 시대 흐름에 따라 홈쇼핑 초창기에 상품을 판매했던 업체들은 매출 규모가 많이 줄었죠. 이제 TV를 보는 연령은 대부분 50대 이상이에요. 20~30대가 TV라는 매체에서 멀어지고 스마트폰 하나로 영상 시청부터 쇼핑까지 모든 걸 하게 되면서 홈쇼핑처럼 TV를 보며 채널을 돌리다 우연히 걸리는 시스템의 매출 규모는 점차 축소되고, 이용자의 연령대도 올라가게 되는 것이죠. 이제 홈쇼핑의 대상은 60대 이상으로 올라갈 거예요. 그분들은 여전히 홈쇼핑이 편한 세대잖아요. 제가 라이브 커머스 방송을 해도 저희 엄마는 화면이 너무 작아서 눈이 아프다고 오래 보지 못하시더라고요. 100세 시대라고 하니 타깃의 연령대는 높아지겠지만 홈쇼핑도 없어지진 않을 거라 생각해요.

김지혜 저희 엄마는 홈쇼핑을 보다 전화하세요. TV에서 지금 뭐가 나오는데 괜찮은 건지 좀 봐달라고요. 제가 일을 하는 중이라 지금은 TV를 볼 수가 없으니까 링크를 보내달라고 하면 링크를 어떻게 보내냐고 하시죠. 김정은 쇼호스트가 얘기한 것처럼 부모님 세대에겐 라이브 커머스가 좀 버거울 거예요.

김정은 그런 이유로 이제 홈쇼핑이 겨냥하는 상품은 50~60대 이상이 좋아할 만한 것으로 바뀌어야 하죠. 스마트한 업체라면 홈쇼핑을 겨냥할 때 보다 경쟁력이 있는 실버 상품에 주력할 거예요.

김지혜 그렇네요. 실버 상품은 홈쇼핑으로 가면 되겠네요.

김정은 제가 홈쇼핑과 라이브 커머스에 대해 자신 있게 얘기할 수 있는 이유가 있어요. 요즘 라이브 커머스 하나로 뜬 사람이 몇몇 있는데요. 저는 KBS와 MBC 리포터로 시작해서 홈쇼핑이 최대 인기를 구가할 때는 쇼호스트로 오랜 경력을 쌓았고, 라이브 커머스가 활성화되기 전에 이 시장에 들어와 발판을 마련하고 이젠 기반을 다지고 있죠. 현대홈쇼핑은 TV와 T커머스라는 두 가지 채널을 운영하기 때문에 쇼호스트는 물론 T커머스의 녹화 쇼호스트 경험도 있고요. 남들이 해보지 못한 다양한 플랫폼에서의 진행 경험을 통해 나름대로 터득한 것들이 많아 확신을 가지고 이런 얘기를 할 수 있는 거예요. 홈쇼핑은 이제 실버 세대가 좋아할 만한 상품에 주목해야 해요. 어르신들이 좋아하는 것에 더 집중한다면 분명 그분들에게 어필할 수 있을 거예요. 다만 젊은 감각은 유지해야겠죠. 아무리 나이가 들어도 젊게 보이고 싶은 욕구가 있거든요. 내가 70대라고 해도 40~50대가 입는 옷이 좋아 보이고 예뻐 보일 거란 말이에요. 그런 니즈를 잘 파악해서 그분들이 좋아할 만한 상품을 기획하는 방향으로 나아가야 하죠. TV 시청 연령대는 계속 높아지는 반면 라이브 커머스의 타깃층은 점점 어려지고 있어요. 요즘엔 10대들도 많이 보기 때문에 여기서도 젊은 층에 맞는 감각을 놓치지 않는 게 중요하죠. 결과적으로 홈쇼핑과 라이브 커머스 둘 모두를 공략하는 기업이 더욱 크게 성장할 거예요. 홈쇼핑에 들어갔던 업체가 라이브 커머스에도 꾸준히 투자를 한다면 전 세대를 아우르는 기업이 될 수 있겠고요. 초반에는 우리가 잘 모르는 업체들만 라이브 커머스를 했기 때문에 이 시장의 가치를 알아주지 않았지만, 지금은 어떤가요? LG나 삼성 같은 대기업에서 더 열심이잖아요. 홈쇼핑을 통해 물건을 구입하는 사람과 라이브 커머스를 통해 상품을 구매하는 사람이 다르기 때문에 둘 다 놓치지 않으려면 두 시장 모두를 적극적으로 공략해야겠죠.

김지혜 계속해서 예민한 감각을 유지하고 공감대를 형성하는 게 중요하겠네요.

김정은 그렇죠. 예민하게 현재의 흐름을 파악하는 일은 매출과 성장으로 이어지기 때문에 매우 중요하죠. 지금의 10대는 점점 더 TV와 멀어질 거고 기존의 TV 기능은 스마트폰으로 대체될 거란 말이에요. 인터넷 쇼핑도 라이브 커머스에게 일정 자리를 내주게 될 거고요. 라이브 커머스가 지금보다 더 활발하게 기능한다면 그땐 이미 늦은 거예요. 하루라도 빨리 시작해야 하는 이유가 여기에 있죠.

라이브 커머스의 특징은 무엇인가요?

김지혜 라이브 커머스의 특징은 뭘까요?

김정은 라이브 커머스의 가장 큰 특징은 '상호 소통'이에요. 생방송이 진행되는 동안 이용자들은 채팅을 통해 진행자 혹은 다른 구매자들과 실시간으로 소통할 수 있어요. 진행자는 이용자와 소통함으로써 상품의 특장점을 설명할 때 그들이 원하는 방법으로 설명할 수 있게 되죠. 실시간으로 올라오는 댓글을 활용해 좀 더 자세하고 친근하게 설명해 줄 수도 있고요. 상품에 대한 다양한 정보를 제공하며 비대면 온라인 쇼핑의 단점을 보완할 수도 있어요. 실제로 라이브 커머스를 진행하다 보면 가방의 내부를 보여 달라거나 옷을 뒤집어서 보여 달라거나 하는 등의 요청이 들어와요. 그럼 바로 가방을 열어 안쪽을 보여주며 어떤 식으로 칸이 나뉘어 있는지 주머니는 몇 개나 있는지 설명하죠. 옷을 뒤집어 안감을 보여주며 소재에 대해 설명하기도 하고요. 이런 식으로 쌍방향 소통을 통해 고객들이 정말로 궁금해하는 것들을 바로 해소시켜 줄 수 있다는 점은 라이브 커머스의 가장 큰 특징이죠. 판매자의 입장에서 보면 누구의 눈치도 보지 않고 진솔하게 상품의 특징을 설명해 줄 수 있기 때문에 이 점을 잘 활용하면 고객들에게 진실한 인상을 줄 수 있어요. 다른 채널에 비해 중간 단계를 덜 거치고 수수료나 광고비 등이 낮기 때문에 질 좋은 물건을 합리적인 가격에 판매할 수도 있죠. 사실 홈쇼핑이 쌍방향처럼 보여도 일방향이에요. TV 방송이 라이브라곤 하지만 구매만 실시간으로 할 수 있지 소통까지 실시간인 건 아니거든요. 시청자가 궁금한 것을 질문하면 진행자가 대답을 해주기도 하지만 계속 소통하며 진행하는 형태는 아니라 진정한 쌍방향 소통은 라이브 커머스만의 특징이 되는 것이죠. 스마트폰 촬영이 가능한 곳이면 어디든 방송이 가능하다는 특징도 있어요. 그런 특징은 현장감 있는 장소 혹은 상품에 딱 들어맞는 장소를 배경으로 한 방송을 만들어주죠. 예를 들어 캠핑 용품을 판매한다고 하면 실제 캠핑장에 가서 방송을 할 수도 있는 거예요.

김지혜 사실 물건을 파는 입장에서는 홈쇼핑에 들어가고 싶어도 그게 쉽지가 않잖아요. 일단 홈쇼핑에 들어가려면 예산이 많이 필요하기 때문에 어느 정도의 재정이 뒷받침되지 않으면 불가능하죠. 반면 라이브 커머스는 돈 한 푼 없이도 시도해 볼 수 있다는 점에서 굉장히 매력적이에요. 실제로 물건을 많이 팔든 그렇지 못하든 내 제품을 소비자들에게 홍보는 해볼 수 있는 거고요. 판매자라면 방

송을 통해 내 제품을 팔아보고 싶은 꿈이 있는데 그걸 라이브 커머스가 이뤄주기 때문에 사람들이 열광할 수밖에 없다고 생각해요.

김정은　라이브 커머스는 모바일 실시간 소통에 특화된 MZ세대를 주요 고객으로 삼고 있는데요. MZ세대란 1980년대 초에서 2000년대 초에 출생한 밀레니얼 세대와 1990년대 중반에서 2000년대 초반에 출생한 Z세대를 통칭하는 말이에요. 라이브 커머스는 소통과 쇼핑을 결합하며 재미를 극대화해 MZ세대들에게 단순한 쇼핑 이상의 문화로 자리 잡을 수 있는 신사업으로 각광받고 있죠.

라이브 커머스는 어떻게 성장해 왔나요?

김정은 김지혜 성우와 제가 라이브 커머스를 시작했던 초반만 해도 저희가 직접 설명을 하지 않으면 주변에서 아무도 몰랐어요. 그때가 2020년이었으니까 1년 사이에 시장이 굉장히 커진 거죠.

김지혜 코로나의 영향이 크죠. 1월 말에 코로나가 시작됐는데, 그때만 해도 한두 달 있으면 괜찮아질 거라고 생각했잖아요. 그런데 잠잠해지기는커녕 5~6월이 되면서 점점 더 심각한 상황이 되었죠. 제가 준비를 했던 게 그 시기인데 그때부터 성장세를 보이더니 7월부터는 완전히 급성장하기 시작했죠. 아무래도 오프라인 판매가 어려워지자 손님을 기다리고만 있을 게 아니라 방송을 통해 팔아봐야겠다는 생각을 하는 사람이 늘어나면서 급성장을 하게 된 것이 아닌가 해요.

김정은 라이브 커머스는 그전부터 있었지만 찾아서 보는 사람이 많지 않았어요. 주목하는 사람이 거의 없었죠. TV 홈쇼핑의 쇼호스트가 되지 못한 친구들이 인터넷에서 미니 채널 느낌으로 라이브 방송을 하고 있었는데 그 시장이 갑자기 커져버린 거예요. 오프라인 매장을 가지고 있던 사람 중 일부가 코로나로 매출에 직격탄을 입자 라이브 방송이라는 새로운 방법을 모색하면서 또 커지게 되었고요. 그러다 보니 네이버나 쿠팡과 같은 대기업에서도 라이브를 메인으로 올려놓게 되었죠. 현대홈쇼핑 안에서도 TV 홈쇼핑이 메인이고 90 이상을 차지했다면 쇼핑라이브는 10 이하에 불과했어요. 그런데 이제 쇼핑라이브의 비중이 점점 늘어나고 있죠. 이러한 흐름은 계속 이어져 라이브 커머스가 차지하는 비중은 점차 증가할 것으로 보여요. 단 시장이 성장하면서 우후죽순으로 늘어나는 방송으로 인해 라이브 커머스의 홍수가 올 수도 있어요. 그렇게 된다면 늘 그랬듯이 퀄리티 있는 방송만이 살아남게 되겠죠?

[김지혜] 대기업도 라이브 커머스를 하는 시대가 왔다고 했는데요. 그렇다면 작은 숍이나 스마트스토어 하나를 운영하는 소상공인들에게 라이브 커머스의 미래는 어떨까요?

[김정은] 라이브 커머스에 있어서는 소상공인이나 대기업이나 똑같이 초짜잖아요. 소상공인의 경우 홈쇼핑에서 제품을 판매하고 싶어도 수수료가 높아 들어가지 못하죠. 홈쇼핑에는 PD와 MD가 있고 그 외에도 많은 인력이 필요하기 때문에 그 규모의 임금을 주려면 굉장히 높은 수수료가 발생하거든요. 높은 수수료를 낼 수 없는

소규모 업체의 입장에서는 라이브 커머스가 그래도 한번 해볼 만한 시도인 거예요. 그나마 대기업과 같은 출발 선상에서 시작할 수 있으니까요. 물론 대기업에선 자본이 있는 만큼 화려한 기술을 사용하겠지만 사용자들은 스마트폰이라는 매체를 이용해 작은 화면으로 방송을 보기 때문에 아직은 기술의 차이를 크게 느낄 수 없고요.

김지혜 화려한 기술을 사용한 대기업의 라이브 커머스나 나 혼자 스마트폰을 이용해 소소하게 진행하는 라이브 커머스나 차이가 크지 않다는 거죠?

김정은 홍보비가 많이 들어간 특별한 방송이나 연예인이 참여하는 방송인 경우 다양한 기술을 사용하기도 하고 많은 이들의 주목을 받기도 하겠지만 아직까지는 혼자 또는 소규모로 시작하기 좋은 환경이라고 생각해요. 물론 시간이 좀 흐르고 라이브 커머스 시장이 커지게 되면 그땐 대기업에 유리한 점이 많겠죠. 낮은 단가 책정부터 다양한 브랜드까지 소상공인으로서는 제공하기 어려운 점들이 대기업에선 가능하니까요. 하지만 그런 점도 크게 걱정할 건 없는 것이 늘 그런 구조가 이어져 왔지만 백화점에서 파는 제품, 마트에서 파는 제품, 홈쇼핑에서 잘 팔리는 제품이 다 따로 있기 때문에 미리부터 질 거라는 생각을 할 필요는 없어요. 라이브 커머스에 잘 맞는 상품을 신중하게 선택한다면 우리에게도 승산이 있죠. 다 함께 출발 선상에 섰고, 누구나 미디어를 활용할 수 있는 시대에 있으니 이제 더 미루면 뒤처질 수밖에 없다는 것을 알았으면 해요. 제가 처음 들은 라이브 커머스 성공 사례에 대해 소개할까 해요. 대구에서 코로나가 엄청난 유행을 했을 때 해당 지역이 봉쇄돼서 택배조차 들어갈 수 없었던 적이 있었죠. 길에 지나다니는 사람이 없으니 물건을 보여줄 수조차 없었던 상인 중 한 명이 라이브 방송을 시도했어요. 손님이 없으니 시간이 많아서 하루 종일 방송을 켜놓고 이렇게 옷이 많은데 손님이 한 명도 없다, 이런 옷도 있고 저런 옷도 있다 하면서 옷을 보여준 거죠. 어떤 고객이 방송을 보다 보니 마음에 드는 옷이 있어서 댓글을 남겼어요. 아까 보여줬던 옷 좀 다시 보여달라고요. 그렇게 옷을 더 자세히 보게 된 고객은 만족감을 느끼죠. 또 어떤 고객은 한번 입어봐달라는 요청을 해요. 그럼 또 옷을 입어서 보여주니 그 고객도 라이브 커머스가 참 괜찮다는 생각을 하게 되죠. 그러다 택배 배송이 다시 시작되면서 그 가게는 대박이 난 거예요. 그러면서 주변 가게들도 라이브 커머스를 시도하게 되었고요. 그분의 경우 상황이 안 좋아져 더 이상 오프라인 손님을 맞을 수 없게 되니 궁여지책으로 라이브 방송을 하게 된 건데 고객과 소통하며 큰 성공을 하게 되었죠.

김지혜 앞서도 얘기했지만 길게 보면 아직 초창기라 지금도 늦지 않았다고요?

김정은 그럼요. 지금 시작해도 늦지 않아요. 열심히 고민하고 심사숙고한 후 시도하는 게 좋은 분야도 있지만 신중하고 곰곰이 생각하는 것보다는 우선 지르고 보는 게 좋은 분야도 있는데 라이브 커머스는 후자에 속해요. 그러니 한다면 하루라도 빨리 시작하는 게 유리하죠. 요즘엔 유행이 참 빠르게 변하잖아요. 홈쇼핑의 여행 방송 역시 많이 달라졌어요. 제가 활발하게 활동할 당시만 해도 항공료와 현지 관광 금액을 모두 포함해 패키지 구성을 했는데요. 지금은 언제 여행을 갈 수 있을지 모르기 때문에 항공료를 빼고 현지 관광 금액과 현지 가이드 비용만 넣어서 패키지를 구성해요. 예를 들어 전에는 터키 5성급 호텔 숙박과 식사, 비즈니스 클래스 항공료를 포함한 상품을 159만 9천 원에 판매했다면, 지금은 항공료를 제외한 나머지를 9만 9천 원에 판매하는 방송을 하고 있죠. "비행기 티켓은 알아서 구입하세요. 대신 9만 9천 원만 결제하면 5성급 호텔 숙박과 전 일정 식사를 모두 제공할게요."라면서 여행 상품을 판매하는 거예요. 내가 여행을 언제 갈지도 모르고 비행기가 원하는 날짜에 뜰지 안 뜰지도 모르기 때문에 이런 상품도 각광을 받고 있어요. 구입 후 여행을 가지 못하더라도 취소 수수료가 미미하니 큰 손해를 보는 것은 아니라고 생각하거든요. 실제 여행 여부는 미지수지만 상황이 좀 나아지면 어디론가 떠날 수 있다는 설렘과 희망을 사는 것이라고도 할 수 있어요. 홈쇼핑 업계도 나름대로 새로운 전략을 구사한 것이죠. 발 빠른 여행사는 그렇게 코로나 시대에 맞는 여행 패키지를 만들고 있어요. 코로나로 인해 바뀐 것이 또 하나 있어요. 일부 아르바이트생들은 일이 늘어나는 상황을 버겁게 생각하더라고요. 코로나 때문에 손님이 급감한 상황에 익숙해져 버린 것이죠. 코로나 때문에 손님이 급감한 상황에 익숙해진 것이죠. 실제로 얼마 전에 홍천에 있는 카페에 갔는데요. 갑자기 손님이 많아지니 아르바이트생들이 당황하더라고요. 제가 좀 전에 아이스 라테를 주문했는데 다음 손님에겐 라테는 되지 않는다는 거예요. 귀찮다는 표정으로 아메리카노만 가능하다고 하더니 그것도 나중엔 뜨거운 아메리카노만 된다고 하고요. 카페에 우유나 얼음이 없다는 게 말이 안 되잖아요. 그 상황을 지켜보는데 코로나가 장기화되면서 사람들이 그 상황에 익숙해졌다는 생각이 들었어요. 처음엔 집에서 일하고 수업을 듣는 게 불편하고 어색했지만 이젠 오히려 편하게 느껴지는 것처럼요. 코로나가 우리의 생활 패턴을 많이 바꿔놓으면서 라이브 커머스에 더 적합한 시대로 가고 있어요.

김지혜 그런 흐름을 보면 앞으로도 우리나라의 라이브 커머스 시장은 더욱 성장할 것 같다는 생각이 드네요.

김정은 끊임없이 변화하고 있는 이커머스 시장에서 라이브 커머스는 당분간 커다란 화두로 자리 잡을 것이며, 그 이후엔 치열한 경쟁이 이어지게 될 거예요. 라이브 커머스 시장이 전체 온라인 시장 안에서 차지하는 비율은 약 2퍼센트 수준으로 아직은 미미하지만 구매 전환율을 보면 타 커머스에 비해 높은 시장이라는 점에서 매력적인 플랫폼으로 주목받고 있죠. 라이브 커머스 시장 예측 자료에 따르면 2020년의 시장 규모는 4,000억이었는데, 2021년엔 2조 8,000억, 2022년에는 6조 2,000억, 2023년에는 10조로 성장하리라 예상하고 있고요. 라이브 커머스는 단지 제품을 설명하고 판매하는 것에 그치는 것이 아니라 해당 제품을 이용해서 콘텐츠를 제작하고 그 결과로써 제품이 판매되는 방식으로 진화하고 있어요. 라이브 제품 유통 채널에 엔터테이닝 요소가 추가되어 고객들이 새로운 경험을 할 수 있게 해주는 거죠. 앞으로도 계속해서 경쟁력을 가지려면 신선한 아이디어로 고객에게 다양하고 새로운 경험을 선사하면서 성장하는 산업이 되어야 한다고 생각해요.

나에게 맞는
플랫폼은 뭘까요?

라이브 커머스의 다양한 플랫폼을 소개해 주세요.

김지혜 얼마 전까지만 해도 생방송으로 물건을 구매한다고 하면 TV 홈쇼핑을 떠올렸지만, 이제는 라이브 커머스를 통해 모바일로 쉽고 간편하게 그리고 저렴하게 물건을 구매하는 시대가 되었어요. 쇼핑의 패턴이 변화하면서 모바일로 실시간 소통하며 쇼핑하는 라이브 커머스의 시대가 열린 것이죠. 그럼 이제 플랫폼에 대해 얘기해 볼까요? 라이브 커머스의 다양한 플랫폼을 소개해 주세요.

김정은 대표적인 플랫폼으로는 대규모 이용자를 보유하고 있는 네이버와 카카오가 있어요. 전통적인 쇼핑 플랫폼에서 라이브 커머스로의 확장을 진행 중인 쿠팡과 SSG닷컴, 11번가, 티몬, 무신사도 있죠. 홈쇼핑 기반의 현대홈쇼핑과 롯데홈쇼핑, 라이브 커머스 전문 플랫폼인 그립도 있고요. 페이스북과 인스타그램 역시 후발 주자로 시장에 뛰어들었어요. 인스타그램의 경우 쇼핑 카테고리가 새로 생겨서 인스타 라방과 연계를 하면 방송이 가능하게 되었지만 네이버처럼 아직 대중화되지는 않았죠. 본인의 인지도를 쌓는 데 이용하거나 다른 쇼핑몰과 연계해서 라방을 하는 수준이에요. 네이버나 쿠팡 등은 방송을 보면서 바로 상품을 구입할 수 있지만,

인스타그램에선 한번 나갔다 들어가야 하는 방식이라 조금 번거로 울 수 있고요.

김지혜 각 플랫폼이 어떤 특징을 가지고 있는지 알고 싶어요.

김정은 쿠팡이나 11번가, 그립 등은 따로 애플리케이션을 다운로 드한 후 앱에 들어가야 방송을 볼 수 있어요. 애플리케이션을 다운 로드하는 절차를 거쳐야 하기 때문에 방송을 보는 사람이 많진 않 지만 시청자 중 상당수가 실제로 쇼핑을 하려고 마음먹은 사람들 이에요. 지속적으로 방문해서 방송을 보고 상품을 구매하는 팬들 이 많은 편이란 거죠. 최근 들어 이와 같은 형태가 많아지는 추세예 요. OK캐쉬백 라이브인 오라방의 경우에도 이런 경우인데요, 네이 버 등과 컬래버를 하면서 동시 송출 등을 통해 많은 뷰 수를 올리기 도 해요. 반면 네이버나 카카오의 경우 수많은 이용자가 기존에 네 이버 검색 엔진과 카카오톡 메신저 프로그램을 사용하고 있기 때 문에 사람들이 좀 더 쉽게 접근할 수 있죠. 마치 TV 홈쇼핑처럼 네 이버나 카카오를 사용하다 우연히 접하게 되는 방식이라 시청자는 많을 수 있지만 구매를 결심하고 일부러 찾아보는 고객의 비율은 전자에 비해 낮은 편이에요. 자신이 판매하려는 상품의 특성이 무 엇인지 잘 파악하고 그에 맞는 플랫폼을 선택해야겠죠?

김지혜 앞서 소상공인들도 무조건 라이브 커머스는 해야 한다, 선택이 아닌 필수라는 얘기를 했었죠. 일반 소상공인이나 개인 숍을 운영하는 분들이라면 고민 말고 무조건 저질러야 한다고요. 다 준비하고 할 순 없다, 그럼 너무 늦는다고도 했고요. 라이브 커머스를 처음 시도해 보려는 사람들에게 그럼 어떻게 저질러야 하는지 그 시작을 간단하게 설명해 주시면 좋을 것 같아요. 라이브 커머스 채널이 여러 개이니 그중 어떤 채널에 어떻게 접근하면 좋을지도 알려주시면 좋겠고요.

김정은 준비할 건 스마트폰 하나예요. 달리 필요한 게 없으니 시작하기 정말 좋은 환경이죠. 일단 인스타그램에도 라이브 방송이 있는데, 이건 계정이 있으면 누구나 할 수 있어요. 청소년 여러분들도요. 인스타그램 계정이 있는 분이라면 라이브 방송으로 시작을 해보는 걸 추천해요. 전문적인 네이버 쇼핑라이브가 나오기 전에는 인스타그램에서 라이브 방송을 했던 인플루언서들이 소위 가장 잘나가는 사람들이었죠. 그들은 이미 팔로워들과 소통하면서 자신이 구매한 아이템들을 보여주는데 익숙했거든요. 예쁜 액세서리를 직접 착용하고 이 언니가 이런 걸 했는데, 너희들도 한번 써볼래? 하는 느낌으로 방송을 했어요. 내가 입는 것부터 먹는 것, 건강을 위해 챙기는 것, 집의 인테리어까지 보여주며 따라 하고 싶게끔 만

들면 수많은 팔로워가 나도 저걸 사면 더 예뻐질 거란 바람 혹은 우리 집도 저렇게 분위기 있어질 거란 기대로 상품을 구매했죠. 인스타그램의 특징은 그야말로 동경을 이용한 판매 방식인 거예요.

김지혜 저도 봤지만 인스타그램은 외모가 안되면 못하겠던데요? 일단은 예뻐야 사람들이 보게 되고 동경으로 이어지게 되더라고요. 외모가 안되는 사람들은 인스타그램 라이브 방송에 도전하기가 쉽지 않을 것 같아요.

김정은 인스타그램에서 봤던 사람을 실제로 보면 못 알아본다는 얘기도 있으니 너무 실망하지는 마세요.^^ 일단 소상공인이라면 스마트폰 하나로 가볍게 시작해 보는데 의미를 두고 채널을 선정해 보세요. 앞서 얘기한 것처럼 채널 선정 전에 인스타그램 라이브 방송을 이용해 연습을 해보는 것이 좋아요. 장비도 필요 없고 준비할 게 따로 없으니 라이브 방송을 익히는데 좋거든요. 유튜브 구독자 수가 천명 이상 되는 분들은 유튜브 라이브에서도 연습을 하더라고요. 그런 식으로 본인이 가능한 채널을 이용해 시작하면 되는 거예요.

김지혜 주위의 도움 없이 혼자서 라이브 방송을 한다면 스마트폰 설정을 자기 찍기로 해놓고 촬영하는 거죠?

김정은 그렇죠. 자기 찍기로 화면을 돌려놓고 스마트폰을 삼각대에 설치해야 하죠. 라이브 방송은 음성도 중요하기 때문에 여건이 된다면 마이크는 꼭 다는 게 좋고요. 이렇게 세 가지만 갖추면 준비는 끝나요. 그렇게 하다 보면 아마 욕심이 생길 거예요. 얼굴이 좀 화사하게 나왔으면 좋겠다는 생각에 조명을 달기도 하고, 메이크업을 받기도 하겠죠. 나 혼자 찍는 것보단 남이 찍어주는 게 좋겠다 싶으면 친구라도 섭외하게 되고요. 일단 가볍게 시작해서 점점 자리를 잡아가는 거예요. 연습이 중요하니까 일단 시작해서 많이 연습해 보는 게 좋아요. 어느 정도 연습이 되었다면 이제 그립이나 네이버 쇼핑라이브 등 자신과 맞는 채널을 선택해서 방송을 시작하는 거예요. 그립 같은 경우 사업자등록증이 있으면 바로 판매자 등록을 하고 상품 판매 신청을 할 수 있어요. 비교적 간단하게 물건을 판매할 수 있죠. 만약 지금부터 라이브 커머스를 하고 싶은 학생이라면 먼저 사업자등록증을 발급받아야겠죠. 청소년도 법정대리인의 동의를 받으면 사업자등록을 할 수 있어요. 네이버 쇼핑라이브의 경우 라이브 방송이 가능한 등급이 파워 등급이었는데 최근에 새싹 등급으로 내려갔어요. 더 경쟁력을 갖기 위해 네이버도 영역을 넓혀가고 있는 것이죠.

김지혜 네이버 새싹 등급으로 라이브 방송이 가능하다는 것은 지금 막 계정을 만든 사람도 라이브 방송을 할 수 있는 건가요?

김정은 네. 기본 조건만 갖추면 바로 시작할 수 있죠. 파워 등급부

터 가능할 때보다는 문턱이 낮아졌어요. 라이브 커머스 시장이 갈수록 뜨거워지니까 문턱을 낮춰서 누구나 참여할 수 있게 만들어놓은 것이죠. 그러다 보니 채널이 너무 많아져서 시청자 입장에서는 집중도가 떨어지고 뭘 봐야 할지 모르겠다는 생각이 들 수도 있어요. 그만큼 매출도 나눠가질 수밖에 없고요. 누구에게나 열어놓는 방식이 매출 효과는 좀 떨어질 수 있지만, 처음 시작하는 사람 입장에서는 내 스마트스토어만 있으면 바로 시작할 수 있기 때문에 접근이 용이하다는 장점이 되죠. 아마도 시간이 지나면 등급을 나눠서 차별화를 할 거예요. 우선은 모두 시작할 수 있게 판을 만들어주고, 경쟁에서 살아남은 사람들에게 혜택을 줄 거란 거죠. 스마트스토어가 있는 분은 이렇게 네이버 쇼핑라이브로 시작을 해보는 거고, 사업자등록증이 있다면 그립으로 한번 도전을 해보는 거고, 아무것도 없다 하는 분들이라면 인스타그램에 계정을 하나 만들어서 라이브 방송이라도 시도해 보는 거예요. 제가 그립도 해보고 네이버 쇼핑라이브도 해봤는데요, 각 채널마다 고객층이 모두 다르더라고요. 일단 누군가와 소통을 해야 하니까 연습 삼아 한 번씩 해보고 타깃으로 삼는 고객층이 많은 곳, 자신과 잘 맞는 곳, 편안함을 느끼는 곳에서 다시 시작해 보세요.

김지혜 각 플랫폼의 수수료는 얼마나 되나요?

김정은 그립의 경우 처음에는 5~7퍼센트였던 거 같은데 지금은 12퍼센트 정도 된다고 하더라고요. 네이버의 경우 네이버 쇼핑라이브에 방송 예고를 해주는 캘린더라는 게 있는데, 캘린더에 노출이 되는 건 5퍼센트, 노출 없는 기본은 3퍼센트죠. 캘린더에 노출이 돼야 매출이 높기 때문에 다들 들어가고 싶어 하지만 처음부터 들어갈 수는 없고, 기획전에 당첨이 되거나 요즘은 라이브 매출 천만 원 이상, 뷰 수 천 이상이 되어야 노출될 수 있어요. 카카오의 경우 수수료가 얼마라고 책정되어 있는 게 아니라 케이스마다 조금씩 달라서 정확한 비율은 알 수 없는데요. 알려진 바로는 10~20퍼센트 정도지만 실제로는 그보다 높다고 생각하면 될 거예요. 물론 수수료 정책은 자주 바뀔 수 있으니 담당 MD 등을 통해 알아보는 게 가장 좋아요. 본인이 관심 있는 플랫폼의 수수료 정책에도 관심을 기울여야 하죠.

김지혜 네이버의 경우도 정확하게 몇 퍼센트라고 하기가 어려운 게 기본 수수료는 3퍼센트지만 거기에 네이버페이 주문 관리 수수료가 붙고, 스마트스토어 자체에서도 할인 옵션이 가능하거든요. 예를 들어 내 스토어를 찜한 고객에게 또는 첫 구매 고객에게 할인을 해줄 수가 있고, 내가 설정하기에 따라 할인 쿠폰도 줄 수 있는데 그런 것까지 더하면 수수료가 더 높아지겠죠. 본인이 운용하기 나름이에요.

김정은 수수료는 업체별로 또 옵션별로 천차만별이라 더 정확한 금액을 알고 싶다면 직접 전화를 해보는 수밖에 없어요. 본인이 원하는 플랫폼에 연락해 물어보는 게 가장 좋은 방법이죠. 수수료도 생각해야 할 문제이긴 하지만 네이버 쇼핑라이브에 적합한 상품이 있고, 수수료를 더 내더라도 그립에서 판매하는 게 더 나은 상품이 있으니 수수료보단 본인과 잘 맞는 플랫폼을 찾는 것이 중요해요.

김지혜 카카오는 수수료가 꽤 높네요.

김정은 카카오는 수수료도 높지만 다른 곳과는 느낌이 좀 다른데 쉽게 얘기하면 미니 홈쇼핑이라고 생각하면 될 거예요. 홈쇼핑에 들어가려면 MD를 만나 내 상품을 의뢰해야 하잖아요. 카카오도 그런 시스템이에요. MD가 상품을 고르고 PD가 방송을 총괄하죠. 내가 혼자 하는 게 아니라서 입점을 하려면 그런 사람들을 만나 협의를 거쳐야 해요. 또한 카카오는 인플루언서나 핫한 유튜버, 연예인들과의 방송을 선호하기 때문에 결국 홈쇼핑보다 수수료는 낮지만 홈쇼핑 정도의 진입장벽이 있다고 볼 수 있어요.

김지혜 다른 채널에 비해 문턱이 높네요.

김정은 카카오 라이브의 경우 카톡 알림 서비스가 있기 때문에 매력을 느끼는 분들이 많아요. 그런 이유로 협력사분들 중에 카카오 라이브에서 진행을 해보고 싶다는 사람들이 있었지만 높은 수수료와 진입장벽으로 인해 성사가 잘 안되더라고요. 카카오가 선호하는 상품이 따로 있고, 너무 흔한 상품은 싫어하기 때문에 상품의 종류도 영향을 미쳤겠죠. 카카오의 경우 자체 브랜드도 있고, 대형 브랜드와 컬래버를 하거나 유명 브랜드를 최저가로 판매하기도 해요. 새로운 상품이나 특별한 상품을 소개하기도 하지만 나이키 등 유명 스포츠 브랜드의 스니커즈를 최저가로 판매하는 경우도 있는데, 이는 소비자 입장에서는 좋은 찬스이지만 소상공인 입장에서는 이런 상품을 최저가로 내놓을 수가 없기 때문에 진입장벽은 더 높아질 수밖에 없죠. 카카오에서 상품을 판매하려면 누구나 사고 싶을 만한 상품을 좋은 가격에 팔아야 하고, 셀럽이나 유튜버의 출연 비용 등도 들어가니 당연히 수수료가 높아질 수밖에 없겠죠. 그러니 소상공인에게 카카오는 추천 대상이 아니에요. 재고가 많아서 저렴한 가격에 판매가 가능하고 확실하게 브랜드를 홍보하려는 대기업에 맞는 채널인 거죠.

김지혜 정리하자면 카카오의 경우 일반인들이 접근하긴 쉽지 않고, 처음 시작하는 사람이라면 인스타그램의 라이브 방송으로 연습을 해보고 이후 스마트스토어가 있다면 네이버의 쇼핑라이브, 사업자등록이 되어 있다면 그립을 통해 도전해 볼 수 있다는 거네요. 수수료는 모두 다르고요. 그럼 네이버의 쇼핑라이브와 그립에 대해 좀 더 설명해 주셨으면 해요. 그 둘의 차이점이 궁금해요.

김정은 쇼핑라이브의 경우 우리 국민 중 상당수의 사람이 사용하는 네이버라는 포털에서 운영하고 있기 때문에 누구에게나 친숙한 데다 접근성이 좋죠. 웬만한 사람들은 스마트폰에 네이버가 깔려 있으니 따로 앱을 깔 필요가 없어 링크만 보내주면 바로 방송을 볼 수 있거든요. 네이버 이메일을 사용하는 사람도 많아서 구매를 위해 회원가입을 할 필요도 없고요. 반면 그립의 경우 주변 사람들에게 얘기를 하면 아직은 잘 모르는 사람이 더 많아요. 라이브 방송이나 상품에 대한 얘기보다 그립 자체에 대한 설명을 먼저 해야 한다는 애로사항이 있죠. 저 역시 라이브 방송을 시작하면서 그립에 대해 알게 되었어요. 그립은 애플리케이션을 다운로드하고 회원가입을 해야 라이브 방송을 볼 수 있다고 했잖아요. 다소 번거로운 절차를 걸쳐야 하는 점도 그립을 홍보하는 데 있어 어려움이 되고 있죠. 그런 이유로 인해 아무래도 어르신들보다는 젊은 사람들에게 더 맞는 플랫폼이라고 생각해요. 애로사항만 있는 건 아니에요. 일단 앱을 깔고 회원가입을 하면 소비자가 물건을 구매하기 편리한 구조로 되어 있어서 그립을 한번 사용한 사람들은 계속 그립만 사용한다는 장점도 있죠. 또한 회원 외에는 비공개라 자기들끼리만 아는 비밀스러운 공구 같다는 느낌을 줘서 그런 걸 선호하는 사람들에겐 어필을 강하게 할 수 있어요. 가격도 저렴한 편이라 그립에서 한번 구매했던 사람이라면 같은 상품도 그립에서는 더 싸게 살 수 있다는 인식이 생겨 충성 고객이 되는 경우가 많고요.

김지혜 일단 그립에 들어가는 분들은 무언가를 사려고 마음먹은 사람이기 때문에 노출되는 횟수에 비해 매출은 더 잘 나온다고 하더라고요.

김정은 맞아요. 누군가 그립에 들어와서 특정한 상품을 검색했다면 매출로 이어질 확률이 매우 높아요. 비교적 덜 알려져 있지만 계속해서 사용하는 사람이 많기 때문에 대기업의 경우 네이버가 더 효과적이라면 소상공인들은 그립을 통해 사람들과 소통하며 나를 알리는 게 더 낫다는 거죠.

김지혜 얘기한 것처럼 네이버는 대중적인 포털이라 사용자들이 많이 방문하지만 아무리 많이 들어온다고 해도 그게 다 매출로 연결되진 않죠. 우연히 지나가다 보는 사람, 사려는 생각은 없지만 뭔가 켜져 있으니까 보는 사람이 꽤 많아서 노출되는 횟수에 비해 매출이 그리 높지는 않을 거예요.

김정은 네이버는 사용자가 많기 때문에 최저가 혹은 가격 경쟁력이 있는 상품이 잘 맞아요. 누구나 다 아는 상품이 최저가라면 뷰 수가 높을수록 매출은 당연히 높고요. 하지만 유명 브랜드가 아닌 상품이나 낮은 가격대의 상품, 홈쇼핑에서 8종에 99,000원인 상품을 하나하나 소포장해서 개당 만 원에 판매하는 경우처럼 구성이 간단한 상품이라면 네이버보다는 그립에서 한 명 한 명 소통하면서 판매하는 게 더 효과적일 수 있죠. 여러분이 판매하려는 상품의 특징과 타깃이 모두 다르기에 처음엔 네이버와 그립 둘 다 해보는 게 좋아요. 수수료라는 게 존재하지만 어차피 수수료는 매출에서 나오는 거거든요. 계속 얘기하지만 일단은 라이브 커머스라는 장벽을 뚫어보려는 시도가 필요해요.

김지혜 내 상품이 여기서 잘 팔릴지 저기서 잘 팔릴지 모르니 라이브 방송을 해볼 수 있는 채널이 있다면 모두 다 도전을 해보는 게 좋다는 거죠?

김정은 네. 할 수 있으면 다 도전해 보는 걸 추천해요. 그러면서 자신과 맞는 플랫폼을 찾아보세요.

라이브 커머스 대표 쇼핑 채널
네이버 쇼핑라이브

네이버를 기반으로 한 네이버 쇼핑라이브는 운영 방법이 자유로
워서 언제 어디서든 마음만 먹으면 방송할 수 있을 정도로 제한이
나 제약이 없어요. 또한 소비자 입장에서도 유입 장벽이 현저히 낮
은데요. 앱 설치나 회원가입 같은 추가적인 과정 없이 네이버 웹사
이트에서 바로 접속해서 볼 수 있고, 익숙한 스마트스토어와 연계
된 판매 방식과 네이버페이 결제 방식으로 쉽게 쇼핑을 즐길 수 있
죠. 네이버 메인 페이지에 소개되고 있는 만큼 잠재 고객들의 유입
이 상당히 쉬운 편이고요. 또 하나, 진행자나 판매자 모두에게 혜택
이 다양해요. 판매자 입장에서 가장 좋은 점은 바로 판매 수수료인
데요. 다른 플랫폼의 기본 수수료는 10~30퍼센트인데 반해 네이
버의 수수료는 10퍼센트 미만이죠. 같은 금액을 판매해도 판매자
가 더 많은 수익을 창출할 수 있는 구조예요.

카카오 쇼핑라이브

카카오는 현재 라이브 커머스 시장에서 '작은 홈쇼핑'이라고 불리는데요. 정해진 스튜디오에서 직접 고용한 직원들이 모든 제작을 맡기 때문이에요. 구성원은 주로 기존 TV 홈쇼핑 경력이 있으며, 진행자는 쇼호스트보다는 셀럽과 인플루언서 중심으로 섭외하고 있죠. 물건을 입점하고 자체 방송한다는 측면에서 홈쇼핑과 큰 차이점은 없지만 진행 방식과 진행자, 연출은 현재 시장에 맞춰 형태에 변화를 줬어요. 카카오 쇼핑라이브의 강점은 많은 사람들이 사용하는 대중적인 앱이기 때문에 소비자들에게 익숙한 채널이라 라이브 커머스에 대한 장벽이 낮다는 것이에요. 소비자는 카카오톡의 익숙한 UI를 그대로 이용할 수 있고, 카카오페이 사용자라면 간편 결제와 그와 연관된 혜택을 얻을 수 있죠. 자체 운영을 하다 보니 수수료가 높다는 단점은 있는 반면 제대로 된 장비를 갖추고 있어 옷의 색감이나 음식의 빛깔 등 제품의 특징은 다른 플랫폼보다 더욱 선명하다는 장점도 있어요. 방송 화면의 분할이나 다양한 각도 연출 등도 분명한 장점이고요. 라이브 커머스의 프리미엄화로 차별화를 두고 콘텐츠 기획부터 연출, 라이브 판매 방송까지 상품

기획자와 인플루언서, 다양한 전문가들로 구성되어 카카오에 입점한 판매자라면 퀄리티 있는 방송을 진행할 수 있어요. 타 플랫폼과 가장 차별화된 점은 카카오톡 메신저를 통해 미리 라이브 방송 시간을 안내하여 시청자의 유입률을 높이고 방송을 하는 도중에도 소비자들과 카톡으로 소통이 가능하다는 점이에요. 대략적인 판매자 수수료는 10~20퍼센트 정도라고 알려져 있지만 카카오톡 자체에서 수수료 정보는 공개하지 않아 정확한 금액은 알 수 없어요.

크리에이터도 벤더도 될 수 있는

쿠팡라이브

쿠팡라이브는 쿠팡의 자체 앱 내에서 오픈한 라이브 커머스예요. 처음엔 뷰티 카테고리가 메인이었는데, 이후 계속해서 여러 카테고리가 추가되고 있죠. 최근엔 자체 기획 방송도 많아지고 다양한 카테고리 방송을 시도하고 있어요. 네이버처럼 쿠팡도 자체 스튜디오를 만들어서 크리에이터들에게 사용할 수 있게 해주는 등 네이버와 비슷한 느낌의 기획 방송도 많아지고 있고요. 단지 네이버는 쉽게 접근이 가능하지만, 쿠팡의 경우 전용 앱을 통해 들어가야 해서 접근성이 조금 떨어지죠. 쿠팡만의 좋은 점도 있어요. 전문적인 장비 없이 스마트폰만 있으면 누구나 방송이 가능하며, 쿠팡에 입점한 벤더라면 추가적인 수수료 없이 라이브 판매를 할 수 있다는 것이 쿠팡라이브 방송의 가장 큰 장점이에요. 쿠팡은 '쿠팡 플레이'를 통해 라이브 커머스를 시도하고 있는데요. 이를 크리에이터와 벤더를 연결시키는 방안으로 구현해 전문가가 아닌 일반인도 까다로운 진입장벽 없이 고객에게 상품을 소개하도록 하고 있죠. 쿠팡에서 라이브 커머스를 한다면 방송을 진행하는 크리에이터 역할을 할지, 판매할 제품을 보유할 셀러(벤더)로 활동할지 선택해야 해요. 판매할 상품이 있다면 두 가지 역할을 모두 해도 되지만 일반적으로 내 상품을 내가 직접 방송하는 플랫폼 형태는 아니에요. 즉 내 상품을 쿠팡에 입점하고 입점한 상품의 판매 방송은 쿠팡에 등록된 크리에이터가 대리하는 방식이죠. 쿠팡은 카카오보다는 오픈된 형태지만 네이버보다는 폐쇄적으로 중간 정도의 위치에 있어요.

······································
그래서, 믿을 수 있는 그립

그립은 라이브 커머스 전문 플랫폼이에요. 앱에 접속하면 상단 메인 배너에 예정된 라이브 커머스의 일정을 확인할 수 있고, 스크롤을 내리면 현재 진행하는 많은 라이브 커머스를 볼 수 있는데요. 전세계인의 1인 라이브 커머스 플랫폼이라는 비전을 바탕으로 동시간대 다양한 셀러들이 다양한 상품으로 경쟁하고 있어요. 그립은 다양한 라이브 커머스 플랫폼들 중에 입점 기준이 낮은 편에 속하기에 비교적 누구나 쉽게 이용할 수 있어요. 방송이 종료된 후에도 녹화된 영상이 하이라이트 형태로 재생되어 영상을 홍보할 수 있고, 그립 자체 쇼호스트나 그리퍼를 섭외할 수 있는 것도 큰 장점이죠. 판매자 수수료는 12퍼센트 정도고요. 전문적인 쇼호스트가 없어도, 전문적인 장비, 조명이나 스튜디오가 따로 없어도 스마트폰 하나로 라이브 방송을 진행할 수 있어요. 기존의 홈쇼핑이나 다른 플랫폼의 라이브 방송과 비교한다면 전문성이 떨어져 보일지 몰라도 그립에선 이러한 단점을 '누구나 판매할 수 있다'라는 장점으로 뒤바꾸어 라이브 커머스 시장에서 경쟁력을 갖춘 기업으로 성장했죠.

티몬 티비온

티몬에서는 티비온 서비스를 제공하고 있어요. 티몬 모바일에 접속하면 하단에 플로팅 배너로 진행하고 있는 라이브 커머스 방송이 노출되어 사용자들의 접속을 유도하고 있죠. 티비온 서비스는 티비온 라이브와 티비온 셀렉트로 나눌 수 있는데요. 티비온 라이브는 라이브 쇼핑 전담 스텝이 기획하고, 기술 스텝이 채팅 및 이벤트 대응을 담당하는 형식이에요. 진행은 전문 쇼호스트가 담당하고요. 티비온 라이브 방송 제휴 문의는 이메일을 통해 할 수 있어요. 반면 티비온 셀렉트는 판매자가 구성하는 개인 방송으로 스마트폰만 있으면 가능하지만 진행과 채팅, 이벤트 모두 판매자 혹은 판매자가 섭외한 인물 스스로가 해야 하죠. 셀렉트 개인 방송을 하고 싶다면 티몬 셀렉트 앱 설치 후 담당 MD에게 라이브 커머스 방송을 신청하면 돼요. 티몬에서는 방송 상품 검수 후 편성을 확정하고 기술 스텝을 배정하며 방송 진행 가이드를 제공해요. 두 방송 모두 티비온의 편성표에서 일정을 확인할 수 있죠.

방송 전
어떤 준비를 해야 하나요?

셀러 정하기

김지혜 라이브 커머스가 점점 늘어나고 있어서 김정은 쇼호스트는 더 바빠지겠어요. 일할 곳이 굉장히 많아졌죠?

김정은 물론 일할 곳이 많아지긴 했지만 라이브 커머스가 늘어난 만큼 퀄리티를 알 수 없는 이름만 쇼호스트인 사람들도 많아졌다는 폐해가 있어요. 쇼호스트 지망생 입장에서는 TV 홈쇼핑이 아니어도 일할 수 있는 곳이 늘어서 예전보단 확실히 좋은 환경이 되었죠. 수준 높은 라이브 커머스의 쇼호스트와 같은 셀러가 될 수 있는 가능성도 있고요. 반면 업체 입장에서는 다들 쇼호스트라고는 하는데 인지도가 없는 사람들뿐이니 누가 잘하는지 모르겠죠. 그런 상황이라 가격이라도 좀 낮았으면 싶은가 봐요. 제가 중소기업청 강의에 나가거나 중소기업의 대표들과 만나 이야기를 해보면 대부분은 누군가를 선택할 때 저렴한 가격에 진행을 해줬으면 하더라고요.

김지혜 전체적인 쇼호스트의 수가 늘다 보니 그중에는 가격으로 승부를 보는 사람도 꽤 있겠네요.

김정은 그러면서 점점 가격이 떨어지고 있어서 저 같은 경우 퀄리티 높은 진행 위주로 갈 수밖에 없어요. 예전에는 재능기부 차원에서 도와드린 적도 있었지만 계속 그런다면 저보다 인지도 낮은 분들의 대우는 점점 낮아질 수밖에 없기 때문에 이젠 일정 수준 이상의 진행만 맡으려고 해요. 배우들도 주연과 조연, 엑스트라의 출연료가 다르듯 쇼호스트 섭외 비용도 금액이 다양하게 형성되어 있는데요. 시장은 커졌지만 상황이 이렇다 보니 누구나 이름 있는 쇼호스트를 찾는 건 아니에요. 처음엔 예산을 생각하지 않을 수 없기 때문에 좀 더 저렴한 가격에 진행해 줄 사람을 찾다가 계속 매출이 부진하게 되면 저 같은 사람을 찾게 되더라고요.

김지혜 쇼호스트 지망생 입장에선 일자리가 많아진 건 사실이네요?

김정은 방송을 너무나 하고 싶은데 TV 홈쇼핑의 경쟁률이 치열해 기회가 없었던 분들에겐 그야말로 도전해 볼 만한 세계가 펼쳐진 것이죠.

김지혜 쇼호스트 지망생은 물론 일반인 중에서도 쇼호스트를 꿈꿨던 사람들은 쉽게 그 꿈에 다가갈 수 있는 기회가 생겼네요.

김정은 맞아요. 그렇긴 하지만 실력이 없어서 어설프게 진행을 하는 사람도 늘겠죠. 그래서 전 가격 때문에 그런 사람을 섭외할 거라면 오히려 소상공인 본인이 직접 판매하는 걸 추천해요. 상품에 대해 가장 잘 알고 애정도 크기 때문에 셀러가 되면 생각보다 잘하더라고요. 평소에는 본인이 진행을 하다 특별한 기획전을 한다거나 이 상품을 확실하고 고급스럽게 광고하고 싶을 때 실력 있는 쇼호스트를 섭외하는 거죠. 이런저런 라이브 커머스를 보다 보면 정말 엉성하게 진행하는 사람이 꽤 많은데요. 소상공인이 직접 진행을 하면 좀 서툴러도 진심은 느껴지는데 어설픈 쇼호스트들의 진행은 오래 보고 있기가 힘들죠.

김지혜 소상공인은 어차피 연예인도 아니고 쇼호스트도 아닌 평범한 사람이니 제품에 대한 진심을 전한다면 그 방법도 좋을 것 같네요. 장사꾼 같지 않은 느낌으로 진실성을 강조해서 방송한다면 의미 있는 결과를 낼 수 있겠죠. 화려한 방송도 좋지만 너무 과하게 되면 저건 분명 과장됐을 거라는 생각이 들거든요. 저 사람들 방송에선 다 저렇게 말하지 뭐, 하고 상업적이란 느낌을 받기도 하고요. 방송을 많이 해본 사람들과 라이브 커머스를 하게 되면 진행은 매끄럽지만 시청자들에게 다소 부정적인 인상을 줄 수 있다는 단점이 있어요. 일반인이 너무 방송인처럼 화려하게 하는 것보다는 본인의 체험을 솔직하게 얘기하면서 진심을 전달하는 것이 좋을 거라 생각해요. 제가 얼마 전에 우연히 라이브 방송을 봤는데요. 한밤중에 자기 부엌에서 주꾸미를 구워 먹더라고요. 마치 본인이 평상시에 해 먹는 것처럼 익숙하게 조리를 하면서 여기에 이걸 넣으면 더 맛있고, 이렇게 하면 불맛이 난다고 알려주고, 익힐 때는 딱 5분만 익히라면서 방송을 하는데 그게 연습한 것 같지 않고 평소에 그렇게 만들어 먹는 사람처럼 보였죠. 이 음식이 왜 맛있는지 만든 사람의 철학에 대해 얘기도 나누고 가족들이 둘러앉아 맥주까지 마시면서 주꾸미를 먹는데 너무 맛있어 보여서 저도 모르게 그걸 샀어요. 너무 화려하거나 딱딱하지 않고 자연스럽게 시청자와의 공감대를 형성해 나가는 것도 좋은 방법이란 생각이 들었죠. 요즘 사람들은 사장님께 직접 서비스를 받고 싶은 욕구도 강한 것 같아요. 사장이 주방에서 음식을 만드는 식당이 있는데, 가끔 홀에 나와서 맛은 어떤지 물어보며 세심하게 챙겨주면 다들 좋아하더라고요. 아르바이트생만 있는 곳보다는 확실히 음식에 대한 신뢰도도 올라가죠. 그런 점을 생각하면 라이브 커머스 역시 업체의 대표가 직접 등장해서 이걸 어떻게 만들게 되었는지, 어떤 식으로 만들었는지, 다른 제품보다 어떤 점이 나은지, 어떤 원재료를 사용했는지 진솔

하게 얘기해 준다면 좋은 인상을 줄 거라 생각해요.

김정은 중소기업청에서 강의를 할 때 만났던 한 대표님과 인연이 돼서 함께 라이브 커머스를 한 적이 있었어요. 화장품 브랜드였는데 코로나로 인해 수출길이 막히다 보니 너무 힘들어져서 새로운 길을 모색하다 라이브 커머스를 시도하게 되었죠. 같이 일을 하게 되면서 본인의 지난 경험담을 얘기해 주셨는데요. 브랜드가 백화점 팝업 숍에 들어가게 돼서 상품을 판매할 아르바이트생과 매니저를 고용했대요. 그런데 이분들한테 아무리 설명을 열심히 해줘도 직원들이 고객에게 상품을 설명할 때와 본인이 직접 매장에 나가 설명할 때의 매출 차이가 컸다는 거예요. 사실 직원들의 입장에서 보면 여러 가지 브랜드가 함께 있는 팝업 숍에서는 특정 브랜드만 애정을 가지고 설명할 순 없잖아요. 아무래도 그런 점에서 차이가 나긴 하겠지만 같은 시간을 할애하더라도 본인이 직접 설명을 하게 되면 그 얘기를 들은 고객은 그냥 가지는 않는다는 거였죠. 실제로 후에 함께 라이브 커머스를 진행하면서 보니까 상품에 대해 너무나 진솔하게 말씀을 잘하셔서 그걸 본 많은 시청자가 찐팬이 되기도 했어요. 심지어 네이버 쇼핑라이브 기획전 캘린더 노출에도 당첨이 돼서 좋은 성과를 내기도 했죠.

김지혜 쇼호스트가 진행을 리드하며 분위기를 띄워주고, 업체의 대표가 나와 직접 제품 설명을 해주는 구성이 좋다는 얘기네요.

김지혜 좋은 쇼호스트를 만날 수 있는 방법이 있을까요?

김정은 먼저 대행사를 통하는 방법이 있는데, 대행사를 통하게 되면 본인의 예산에 맞출 수밖에 없어요. 각 대행사는 DB를 보유하고 있고, 거기에 등급별 쇼호스트 목록이 들어가 있는데요. 나의 요

구나 기준이 우선되는 것이 아니라 내가 원하는 금액에 맞춰 섭외를 하게 되니 나와 잘 맞을지는 알기가 어렵죠. 그런 이유로 요즘엔 SNS의 DM을 통해 개인적으로 연락하기도 해요. 인스타그램을 꾸준히 봐와서 저 사람이라면 내 제품을 잘 팔 것 같다든지, 내 상품과 잘 어울릴 것 같다든지 하는 걸 알게 되거든요. 저도 가끔 진솔한 내용의 DM을 받고 마음이 움직이면 기존에 받는 금액에 훨씬 못 미치는 가격이더라도 함께 라이브 방송을 진행하기도 해요. 팔로우하거나 인친 관계에 있는 분들 중에 저 사람이라면 한번 해보고 싶다는 마음이 드는 경우 밑져야 본전이니까 자신의 상황을 진솔하게 쓴 DM을 보내보세요. 대행사에 맡기면 단순히 원하는 가격에 맞는 사람밖엔 구할 수 없지만 다른 경로를 알지 못하는 사람에겐 유일한 방법이겠고, SNS를 이용하는 건 성사될 확률은 낮지만 일이 진행될 경우 자신의 상품과 잘 맞는 쇼호스트를 만날 수 있겠죠.

대행사 찾기

김지혜 말씀하신 대로 일단은 개인 방송으로 먼저 시작해서 어느 정도 매출 규모가 생기고 네이버 쇼핑라이브의 기획전 같은 걸 하게 된다면 대행사를 찾아보는 게 좋겠네요. 그럼 나에게 맞는 대행사는 어떻게 알 수 있을까요?

김정은 인터넷 검색을 하면 다양한 대행사를 찾을 수 있어요. 여러 곳에서 견적을 받아보고 나에게 맞는 금액을 제공하는 대행사를 선정하면 되겠죠. 예산에 한계가 있는 경우 몇 번 경험이 있고 방송 방법을 어느 정도 안다면 대행사에 의뢰하는 것보단 필요한 사람을 주변에서 찾아 부탁하는 것도 방법이라고 생각해요.

김지혜 대행사에서는 패키지로 제공하잖아요. 예를 들면 장소 섭외부터 촬영하는 사람, 쇼호스트, 인테리어, 뒷배경, DP까지 전체를 패키지로 구성해서 서비스하고 있는데, 가격이 부담스럽다면 필요한 사람만 따로 알아보는 게 좋다는 건가요?

김정은 주변에 아는 사람이 있다면요. 소규모로 라이브 커머스를 진행하는데 지인 중에 촬영을 잘하는 사람이 있다거나 진행을 도와줄 수 있는 사람이 있다면 그들과 함께하는 것도 좋은 방법이라는 거예요. 대행사에서도 꼭 패키지가 아니라 각각의 상품만도 구매가 가능하지만, 대행사에 맡길 경우 모든 게 다 돈이거든요. 저한테 많이들 물어보는 게 대행사 비용이 99만 원부터 500만 원까지 다양하던데 무슨 차이가 있냐는 거예요. 구체적인 내용을 알아봤더니 기본 장비와 방송 최소 조건이 99만 원이고, 게스트나 쇼호스트 등이 들어갈 때마다 금액이 올라가더라고요. 거기에 베테랑 쇼호스트가 들어가면 비용이 확 상승하죠. 옵션에 따라 가격대가 올라가는 건 당연하지만 아무래도 학생들이나 처음 시작하는 사람들은 부담스러우니 지인을 이용해 보는 것도 방법이란 거예요. 그게 어렵다면 대행사를 이용해야겠지만요. 요즘엔 대행사의 패키지가 굉장히 다양해졌어요. 인스타그램 광고 같은 걸 보면 30만 원부터 가능하다는 업체도 있는데, 실제 견적을 내보면 추가 비용으로 인해 금액이 올라가는 경우도 있으니 대행사를 통해서 진행할 경우엔 몇 군데 견적을 뽑아서 비교한 후 결정하는 게 좋아요.

김지혜 요즘엔 사진이나 동영상 촬영은 누구나 다 하니까요. 정안 되면 가족들을 동원해도 되고요.

김정은 네. 가족들도 도움이 되죠. 사장이 셀러가 되고 촬영은 가족이나 친구가 해주면 돼요. 전문 쇼호스트가 필요하면 쇼호스트만 섭외해 주는 대행사를 찾아 의뢰하면 되고요. 혹은 아까 얘기한 대로 SNS를 이용하는 방법도 있죠. 그렇게 시작하는 게 합리적이라고 생각해요. 물론 처음부터 어설픈 건 싫고 제대로 시작해서 사람들에게 홍보하고 싶다면 그런 경우엔 대행사를 찾아보는 게 좋겠죠. 퀄리티 높은 방송을 하게 될 계획이 잡히거나 소규모로 하는 게 싫은 경우에도 대행사를 찾아야겠고요. 대행사를 이용해 첫 방송을 정갈하게 진행하면 한번 들어왔던 사람이 스토어 찜하기를 누를 수도 있고, 다음에 또 들어올 확률도 높아지니까요.

김지혜 제가 아는 사장님은 섞어서 하더라고요. 한 달에 한 번이나 두 달에 한 번 정도는 돈을 좀 들여서 대행사를 통해 진행하고, 나머지는 혼자서 소소하게 방송하면서 횟수를 계속 늘려 가는 식으로요.

심성은 그것도 방법이죠. 인터넷을 통해 검색해 보면 대행사에 대해 자세히 나와 있어요. 최저가부터 최고가까지 제공하는 것들을 모두 알 수 있죠. 여건이 된다면 원하는 패키지를 구매해도 되고, 자신이 필요한 항목만 구매할 수도 있어요. 후자의 경우 비용을 많이 줄일 수 있겠죠. 장소 섭외의 경우도 화장품처럼 화려한 배경이나 조명이 필요하지 않은 상품이라면 익숙한 곳이 나을 수도 있어요. 꾸준히 라이브 커머스를 진행할 계획이라면 자신의 오프라인 매장을 장소로 이용하는 것도 좋고요. 일단은 혼자 힘으로 해보고 나 혼자서는 무리다 싶은 것들이 생기면 대행사에 의뢰를 하는 게 저는 가장 나은 방법이라고 생각해요.

김지혜 좋은 대행사의 기준이 있을까요?

김정은 기본적으론 가격이 저렴하고 조건을 잘 맞춰주는 대행사가 좋은 곳이겠지만, 사람마다 원하는 조건이 다르겠죠?

김지혜 단순히 장소를 제공하고 영상을 촬영해 주고 기술적인 서비스를 지원해 주는 것도 필요하겠지만 거기서 더 나아가 기획 단계부터 함께 하면서 콘셉트를 잡아주고 제품의 어떤 면에 중점을 둬야 하는지 포인트를 알려주며 프로모션이나 이벤트도 구성해 주면 좋을 것 같은데요? 일반인은 그런 단계가 더 어렵게 느껴질 수 있거든요. 저 같은 경우 김정은 쇼호스트가 초반부터 함께해 줘서 쉽게 시작한 편이었는데, 만약 그런 조언을 해주는 사람이 없었더라면 많이 헤맸을 것 같아요.

김정은 제가 하고 있는 일 중 하나가 바로 그 디렉팅이에요. 라이브 커머스에서도 디렉팅은 중요한 요소죠. 방송 촬영이나 장소를 대여하는 일들은 누구나 할 수 있지만 디렉팅은 그렇지 않은데 대행사의 경우 그런 일까진 잘 해주지 않아요. 해준다 하더라도 전문가만큼 세심하게 제품에 대해 연구하진 못하고 금액에 맞춰 대략적인 콘셉트를 잡는 것에 그치는 경우가 많아요. 그렇다고 전문가에게 맡기자니 디렉팅을 해주는 사람도 별로 없는 데다 전문가를 구해 의뢰할 경우 비용이 너무 올라가게 되죠. 그래서 제가 생각한 게 처음 라이브 커머스를 시작하는 업체에게 좀 더 합리적인 금액으로 디렉팅을 해주는 아이템이에요. 세 번 정도 패키지로 디렉팅을 해주며 방향을 잡아주는 거죠. 러뷰올이란 브랜드도 컨설팅을 통해 제품 판매 방향을 잡아주고 초반에 다섯 번 정도 함께 방송을 진행했더니 처음엔 방송에 대해 전혀 몰랐던 업체가 지금은 저 없이도 잘 해내더라고요. 디렉팅이나 초반 콘셉트 설정이 중요하긴 하지만 여건이 되지 않는 분도 많잖아요. 그런 분은 방송에만 집중하면 되고요. 초반에 컨설팅을 제대로 받고 싶다면 디렉팅 전문가를 찾으면 되겠죠. 나머지는 나 혼자 가능한데 쇼호스트만 필요하다면 대행사에 의뢰를 하고요. 그렇게 본인의 상황에 따라 시작하면 돼요.

장비 세팅하기

김지혜 방송에 들어가기 전 준비해야 할 사항으론 어떤 것들이 있을까요?

김정은 우선 장소를 섭외하고 배경을 꾸미고 조명을 설치해야겠죠. 마이크와 진행자용 스마트폰 또는 모니터, 댓글 답변용 노트북 또는 태블릿 PC, 의사전달용 화이트보드 또는 모니터, 삼각대 등의 장비도 세팅해야 하겠고요.

김지혜 장소의 경우 본인이 원하는 곳에서 진행하게 되나요?

김정은 그렇죠. 스튜디오든 야외든 상품의 특성에 맞는 장소를 골라 진행하면 돼요. 예를 들어 인삼이라는 특산물 방송을 한다면 야외에서 방송을 하며 현지의 분위기를 보여주는 게 도움이 되겠죠. 단 야외에서 방송을 할 땐 주의해야 할 사항이 있어요. 비행기 소리나 경적 소리 같은 게 제어가 되는 곳이어야 하죠. 와이파이나 LTE 연결 상태가 좋은 곳이어야 하고요. 인터넷이 연결되지 않아 방송을 못 하게 되는 경우도 있거든요.

김지혜 장소를 섭외했다면 이제 배경을 어떻게 할지 정해야 할 것 같은데요.

김정은 배경도 다양한 방법으로 꾸밀 수 있어요. 브랜드 로고를 만들어서 붙일 거라면 POP 제작을 하고 뒤에 백판을 만들어야 해

요. 만약 백판을 만들기 어렵다면 모니터를 뒤에다 두고 영상을 계속 내보내는 방법을 써도 되겠죠. 제품에 대한 홍보 영상을 튼다든지 브랜드 로고를 제작해서 붙인다든지 방법은 많아요. 만약 홍보 영상을 내보내고 싶다면 영상을 먼저 만들어야 할 거고, 영상 제작이 어렵다면 사진이라도 붙이거나, 그것조차 힘들다면 글자라도 써 붙여 배경을 만들어봐요.

김지혜 목소리가 너무 작아서 잘 안 들리는 경우도 있더라고요. 오디오 소리가 잘 나오는지도 체크해야겠죠?

김정은 리허설 기능이 있으니까 먼저 리허설을 해보고 목소리가 크게 잘 들리는지, 내 모습이 화면에 이상하게 나오진 않는지 체크를 해봐야 해요. 목소리가 작은 분들은 방송에선 더 안 들릴 수 있기 때문에 마이크를 연결해서 사용하는 것이 좋아요.

김지혜 마이크 외에도 라이브 방송 중에는 고객들의 채팅 내용이 계속 올라오기 때문에 그런 것들을 확인할 스마트폰이나 모니터가 필요하죠. 거기에 고객들의 질문에 답변을 달 수 있는 노트북이나 태블릿 PC도 필요하고요. 혼자서 진행과 댓글 관리를 모두 하기가 버겁다면 그런 일을 도와줄 사람이 한 명 정도 있으면 좋겠죠.

상품 준비하기

김지혜 판매할 상품 외에 따로 준비할 것들이 있나요?

김정은 판매할 상품과 함께 어울리는 소품이나 인형을 이용해 방송 프레임 안을 예쁘게 꾸밀 수 있어요. 원래 가격이 얼마인데, 여기서 얼마를 할인해 준다는 광고판도 만들어서 무대를 세팅해 주면 좋고요.

김지혜 고객의 마음을 혹하게 하는 가격 설정이 있을까요?

김정은 당연히 평소보다 저렴하거나 혜택이 커야 고객들의 마음에 들 수 있겠죠? 예를 들어 신제품이 나오는 경우 기존 제품을 구매한 분들에게 신제품을 무료로 증정하는 이벤트를 할 수 있어요. 원래 가격이 만 원인데 라이브 특가로 반값 할인해서 5천 원에 준다든지, 배송료에 대한 불만이 많은 점을 이용해 전 지역 무료 배송 특별 이벤트를 할 수도 있죠. 두 개를 구입하면 하나를 더 주는 2+1 행사를 할 수도 있고요. 할인에도 다양한 방법이 있으니 본인에게 맞는 것을 찾으면 돼요. 상품이 다양한 업체라면 그런 식으로 구성을 짤 수 있지만 한 품목만 판매하는 곳은 무료 배송이나 할인을 하

는 게 제일 낫더라고요. 본인이 팔려는 상품과 유사한 제품의 홈쇼핑 빙송이나 나튼 라이브 커머스를 찾아보세요. 어떤 식으로 방송하는지 보면서 참고할 만한 것들을 찾아보는 것도 도움이 되죠.

김지혜 방송을 하려면 제일 앞에 띄울 섬네일 이미지가 필요한데요. 섬네일 이미지는 제품 위주로 최대한 예쁘게 찍어서 만들어야 하죠. 여기서 조심할 건 섬네일을 제품 사진으로만 해야 한다는 거예요.

김정은 말씀하신 것처럼 네이버의 경우 섬네일을 만들 땐 글자를 쓰면 안 되죠. 다른 업체는 또 다르니 각 플랫폼의 정책에 맞게 제작하면 돼요.

김지혜 시선을 사로잡는 섬네일이 있을까요?

김정은 연예인 광고를 하는 상품이라면 연예인이 직접 상품을 사용하는 사진도 괜찮아요. 퀄리티 있는 사진이나 웃긴 콘셉트의 사진도 지나가는 사람의 이목을 끌 수 있겠죠. 타이틀도 중요한데요. 가격 할인을 많이 하는 상품은 제목에 관련 문구를 꼭 넣는 게 좋아요. 예를 들어 라이브 중 50퍼센트 파격 할인, 무료 배송 특별전, 라이브 중에만 1+1 등 가격 면에서 혜택을 주는 것은 타이틀에 꼭 넣는 게 좋죠.

김지혜 타이틀 제목도 다 만들어야 하는 건가요?

김정은 내 방송의 제목을 뭘로 할 건지는 정해야죠. 여러분 각자 사용할 플랫폼이 다르잖아요. 네이버에서 할 건지, 쿠팡에서 할 건지 정하게 되면 그 플랫폼에 맞는 제목을 확인하는 게 중요해요.

방송 계획 짜기

김지혜 방송 계획은 어떻게 짜야 할까요?

김정은 방송 전에 미리 오프닝과 클로징, 진행 순서를 대략적으로 짜놓는 게 좋아요. 예를 들어 오프닝에서는 자료화면을 보여주면서 시작한다든지, 혹은 미슐랭 레스토랑 두레유 랜선 방송의 경우처럼 아예 레스토랑 입구에서 인사하면서 시작한다든지 다양한 방법을 생각해 보면서 조금은 색다르게 짜는 거예요. 일단 오프닝에서는 시선을 끌면서 관심을 유도하고, 바로 프로모션으로 넘어가 오늘의 혜택을 강조하세요. 다음으로 소구포인트와 특장점 설명, 시연 등 상품과 관련된 소통 방송을 하고 중간중간 이벤트를 넣어 한번 들어온 사람들의 시선을 계속 잡는 것도 중요해요. 그리고 마지막 클로징에서는 한 번 더 혜택을 강조하고, 구매를 유도한 후 마무리하는 게 좋죠. 처음 하는 분들은 큐시트나 시나리오를 대략이라도 짜놓고 시작하는 게 방송에 도움이 될 거예요.

실제 라이브 방송을 위한 시나리오 구성

매출 극대화를 위한 방송인지 홍보 방송인지에 따라 내용은 달라질 수 있어요. 다음 시나리오는 매출 극대화 버전의 기본 시나리오 구성 이에요.

01 오프닝	• 자기소개 • 아이스 브레이킹 • 간단 상품 소개
02 프로모션 및 이벤트 안내	• 프로모션 안내 • 이벤트 안내 • 라이브만의 혜택
03 진행	• 브랜드 홍보 • 제품 소개 • 댓글 소통 • 퀴즈 이벤트 • 라이브 중 시연
04 클로징	• 마지막 선택 유도 • 혜택 정리 • 소감 및 Q&A • 다음 방송 예고 • 끝인사 및 홍보

김지혜 이벤트 기획은 어떻게 하는 게 좋을까요?

김정은 앞서 얘기한 대로 두 개를 사면 한 개를 더 주는 것처럼 본인이 판매하는 상품을 이용한 이벤트를 할 수도 있고요. 고객들에게 홍보를 하는 시기라면 커피를 주는 행사나 퀴즈 이벤트를 해서 제품을 알릴 수도 있죠. 퀴즈 이벤트라면 본인 브랜드가 답이 되는 질문을 만들어서 맞춘 사람에게 상품을 주는 거예요. 굳이 사려는 마음이 없던 사람도 커피라도 하나 받아 가자는 생각에 퀴즈를 풀게 되고 그러면서 제품에 대해 알게 되는 거죠. 본인이 판매하는 제품에 정말 자신이 있거나 설이나 추석과 같은 명절 기간에 많이 팔아야겠다 싶으면 구매왕 이벤트를 해보는 것도 좋아요. 구매왕 이벤트는 일정 기간 동안 가장 많이 산 고객에게 상품을 주는 행사예요. 리뷰올 같은 경우 좀 더 여러 사람에게 혜택을 주기 위해 가장 많이 구입한 1등 고객부터 2, 3등 고객까지 자신의 제품 중 하나를 골라 가져갈 수 있는 이벤트를 진행하기도 했죠.

김지혜 100원 이벤트도 있었잖아요.

김정은 맞아요. 케이멜론 〈홍보대장정쇼〉 방송을 할 때 100원 이벤트를 했었죠. 선착순 30명에게는 2만 원짜리 멜론을 100원에 판매하는 행사였는데, 10초 만에 끝났어요.

김지혜 이벤트는 예고를 하고 진행하나요?

김정은 이벤트를 통해 더 많은 사람이 유입될 수 있도록 예고를 계속한 후 진행하게 되죠. 이벤트란 게 굉장히 다양하고 각자의 아이디어를 이용해 만들기 나름인데요, 이것도 다 광고비기 때문에 상품을 따로 구매하는 것보단 자신의 제품으로 이벤트를 하는 게 나을 수도 있어요. 어차피 내 제품의 홍보를 위해 하는 이벤트이니

다른 걸 살 돈으로 내 물건을 저렴하게 주는 것도 방법이란 거죠. 새고가 남나련 샂고 있으니 그렇게 활용하는 게 낫잖아요. 어떤 업체 대표는 창고에 마스크가 너무 많이 쌓여있어서 유지 비용이 많이 나오니 공짜로라도 다 나눠주고 싶다는 거예요. 제발 좀 누가 가지고 가라던 사람이 막상 라이브 커머스를 하려고 하면 또 수익을 생각하더라고요. 결국 이러지도 저리지도 못해 아직도 창고에 쌓여있다고 해요. 유효기간 임박이라 어떻게든 처리를 해야 하지만 막상 다 퍼주려니 아까운 마음도 들겠죠. 그 마음이 이해는 되지만 잘 되는 업체를 보면 화끈하게 콘셉트를 잡고 진행해 나가더라고요. 그런 점을 기억했으면 좋겠어요.

실전 노하우를
알려주세요

🔴 LIVE 카메라 마주하기

김지혜 이제 본격적으로 라이브 커머스의 실전으로 들어가 볼까요? 사실 저 같은 경우엔 그동안 방송을 했기 때문에 별다른 부담 없이 힘들지 않게 시작을 했는데요. 방송은커녕 한 번도 카메라 앞에서 말을 해본 적이 없는 분 중에는 카메라 공포증을 가진 사람도 있거든요. 심지어 대답만 하면 되는 인터뷰조차 어려워하는 사람도 많더라고요. 혹은 평소엔 말을 잘하는데 카메라가 돌아가고 그 카메라가 나를 찍고 있다는 사실만으로 긴장이 돼서 침이 마르고 머리가 하얘져 무슨 말을 해야 할지 모르겠다는 분들도 있죠. 그런 분들의 경우 무조건 시작하기가 쉽지만은 않을 것 같은데, 어떻게 하면 좋을까요?

김정은 카메라 공포증이 있거나 많은 사람 앞에서 말할 때 떨리는 사람이라면 거울을 보고 연습을 많이 하세요. 스마트폰 카메라를 켜놓고 방송을 하는 것처럼 진행해 보는 것도 좋아요. 녹화된 자신의 모습을 보면서 말하는 스타일이나 표정, 버릇을 알 수 있거든요. 이게 가장 기본적인 방법이고, 여기서 더 나아간다면 평상시에도 방송에서 하는 것처럼 말하는 방법이 있어요. 친구와 통화를 하거나 가족들과 얘기를 할 때 방송이라고 생각하면서 이야기를 해보는 거예요. 평소 본인의 어휘력이나 표현력이 부족하다고 느꼈다면 판매할 상품을 어떻게 표현할지 계속 연구하고 그 말이 입에 밸 수 있도록 거듭 연습해야 하고요. 한두 번 연습을 한다고 해서 바로 고쳐지는 게 아니기 때문에 일상생활에서 꾸준히 실행하는 게 중요해요. 또 한 가지 얘기하고 싶은 건, 본인이 셀러라면 상품에 대해 자신이 있어야 한다는 거예요. 누가 물어봐도 세 개 정도의 확실한 장점을 얘기할 수 있어야 하죠. 예를 들어 내가 떡볶이를 판매하는데 누군가 왜 너희 떡볶이가 좋은지 물어본다면, 그 이유를 길게 얘기하는 건 좋지 않아요. 정보가 너무 많으면 오히려 귀에 잘 들어오지 않거든요. 본인이 생각했을 때 열 가지의 장점이 있다 하더라도 세 가지 정도로 추려서 핵심만 말할 수 있어야 하죠. 그럼 말하는 사람도 정리가 되고, 듣는 사람도 그 집 떡볶이의 장점, 좋은 점, 맛있는 이유를 확실히 알 수가 있어요. 거기다 다른 상품과 비교했을 때 확실히 더 나은 점도 알고 있어야 해요. 여러 유사 상품 중에서 자기 것만의 장점을 항상 머릿속에 숙지하고 있어야 자연스럽게 말할 수 있고 고객들에게 잘 전달이 되겠죠.

김지혜 제가 보기에 사람들이 긴장하는 이유는 방송을 하면 많은 사람이 나를 볼 거라고 생각해서 그러는 것 같아요. 카메라를 딱 켜는 순간 마치 전 국민이 나를 볼 것만 같은 생각이 들면 얼음이 되거든요.

김정은 그런 분들이 있죠. 실제론 방송을 보는 사람이 그리 많지 않은데도 말이에요.

김지혜 그런 사람이라면 처음에 연습할 때는 아무도 안 볼 것 같은 새벽 시간대에 혼자 카메라를 켜놓고 라이브 방송을 진행해 보는 건 어떨까 싶어요. 누가 들어온다고 해도 한두 명 들어오는 때를 맞춰 연습을 하다 조금 자신감이 생기면 점차 사람들이 많이 들어오는 시간대로 옮겨가 보는 거죠. 처음부터 잘할 순 없으니 그런 식으로 라이브 방송을 하면서 자신감을 키워나가는 것도 방법이라고 생각해요. 평소 사용하다 좋은 게 있으면 가족이나 친구에게 소개를 하기도 하는데, 그럴 때는 얘기를 잘 하잖아요. "이거 써봤는데 어떤 점이 정말 좋더라, 내가 이걸 가지고 이렇게 해봤는데 너무 좋더라." 그런 얘기를 할 때처럼 저 앞에 있는 사람이 내 친구고 댓글을 다는 사람이 내 가족이라고 생각하면서 마인드컨트롤을 하면 긴장감이 좀 사라질 거예요.

김정은 실제로 방송을 할 때는 카메라 앞에 친한 사람이 있다고 가정하고, 평상시에 말을 할 때는 방송이라고 생각하면서 그 두 가지 상황을 바꾸는 거죠. 마음이 편해야 방송이 잘 되고, 평상시에 어휘력과 표현력을 길러둬야 방송에서 술술 얘기할 수 있으니까요.

김지혜 평소에는 방송하듯, 방송에선 평소 친구와 수다 떨듯이 하면 되는 거네요.

김정은 맞아요. 제가 대표들에게 하는 얘기가 하나 더 있어요. 꼭 리허설을 하라는 거죠. 처음 하는 사람이 리허설 없이 방송에 들어가게 되면 방송이 리허설이 돼버리거든요. 또 리허설이라고 대충 하는 사람도 있는데, 그런 식은 큰 도움이 되지 않고요. 방송을 여러 번 해본 사람이라면 몰라도 처음 해본 사람이 시연도 했다고 치고, 이것도 저것도 했다고 치는 리허설을 한다면 막상 방송에서 발생하는 돌발 상황에 대처하기가 어려워요. 갑자기 불이 켜지지 않는다던가, 마이크가 작동되지 않는다던가, 헤어드라이어를 파는데 플러그가 연결되어 있지 않다던가 하는 당황스러운 상황은 누구에게나 일어날 수 있으니 반드시 리허설이 필요해요. 네이버 쇼핑라이브에는 리허설 기능이 있어서 실제 방송과 똑같은 환경이 제공되죠. 이러한 기능을 이용해 리허설을 해보고 본 방송에 들어가도록 하세요.

김지혜 앞서 평상시에 이야기를 할 때 방송처럼 하라고 하셨는데
요. 구체적인 방법을 좀 알려주세요.

김정은 말끝을 흐리거나 대충대충 말하는 습관을 가진 사람들이
있어요. 이런 말투를 가진 사람들은 누군가에게 얘기를 할 때 자신
의 의사를 정확하게 표현하는 연습을 해본 적이 없을 거예요. 말을
부정확하게 하는 콘셉트를 가지고 캐릭터를 잡아 방송을 하는 경
우라면 상관없지만 대부분의 경우 말끝을 흐리거나 대충대충 얘기
하면 시청자들에게 정확한 내용을 전달하기가 어렵죠. 결국 방송
을 망치게 될 거고요. 친구 또는 가족들과 평범한 대화를 나눌 때도
정확한 발음으로 얘기하는 연습이 필요해요.

김지혜 비슷한 맥락에서 이야기를 하자면 저 같은 경우 성우 지망
생을 가르치고 있는데요. 아이들에게 연기를 시키면 목소리를 굉
장히 예쁘게 내요. 평소에는 발음을 흐리고 목소리도 예쁘지 않던
친구가 연기를 할 땐 애니메이션의 주인공 목소리를 낸단 말이죠.
그럴 때 제가 항상 하는 얘기가 있어요. "너는 성우가 꿈이지? 어

떤 성우처럼 되고 싶어?" 그럼 다들 자기만의 이상형이 있어서 어떤 애니메이션에 나오는 주인공이 있는데, 그 목소리가 너무 좋아서 그렇게 되고 싶다고 얘길 해요. 그러면 저는 그 목소리를 연기하고 싶으면 네가 평소에 말할 때도 그 목소리로 말하라고 하죠. 왜냐하면 평소에 그 목소리로 말을 해야 연기할 때도 자연스럽게 배어 나오지, 평소엔 전혀 다른 톤으로 얘기하다 연기를 한다고 갑자기 예쁜 목소리를 만들려고 하면 진실한 연기가 나오지 않거든요. 만들어낸 목소리로는 거짓된 연기밖에 할 수 없죠. 그런 이유로 평소에도 그 캐릭터 목소리로 말하라고 하면 다들 "평소에 그 목소리로요?" 하고 반문해요. 창피하거나 싫은 거냐고 물으면 좀 창피하기도 하고, 남들이 이상하게 생각할 것 같다고도 하죠. "왜 이상하게 생각해? 그 목소리가 이상해?" 하고 물으면 "그건 아닌데..." 그래요. 저는 학생들에게 평소에도 캐릭터의 목소리로 말할 수 있어야 자연스러운 연기를 할 수 있단 얘기를 많이 해요. 평소에 말하는 걸 녹음해 보라는 숙제도 매주 내주고 목소리나 억양이 얼마나 좋아지고 있는지 체크하고요. 학생들이 하는 것처럼 연습을 해보면 분명 발음도 정확해지고, 방송에서도 더 자연스럽게 얘기할 수 있을 거예요. 우린 항상 스마트폰을 가지고 있잖아요. 녹음을 하거나 영상을 찍어서 내가 말하는 걸 듣고 내 표정이 어떤지 살피세요. 카메라 앞에서 어떤 각도로 어떤 표정을 지어야 예쁘게 나오는지 알아야 그렇게 짓거든요. 성우들도 똑같아요. 처음에 성우가 됐을 때와 성우가 되고 나서 1년 후, 2년 후, 3년 후의 목소리가 다 다른데요. 목소리를 성형할 순 없으니 어떻게 달라졌겠어요? 자신이 연기한 목소리를 들어보고 내가 이렇게 소리를 내니까 이렇게 들리네, 조금 다르게 내봐야겠네, 하고 변화를 주기도 하고 개선해 나가기도 하는 거죠. 학생들이 말하는 걸 녹음했다가 들어보라고 주면 거의 대부분은 자신의 목소리를 듣기 싫다고 해요. 어떤지 물어보면 대부분 제가 이렇게 말하는지 몰랐다고 하죠. 똑같은 단어를 반복하는 사람도 있고, 말끝을 흐리며 문장을 종결짓지 않는 사람도 있어요. 자신의 목소리를 자꾸 들으면서 스스로 깨달아야 해요. 내 말과 행동을 자주 모니터 하면 좋은데 그게 어렵다면 녹음이라도 해서 말투나 톤, 속도 등을 점검하는 게 중요해요.

김정은 말씀하신 게 가장 기본인데 많은 분이 그걸 간과하고 방송 때 잘해야지, 그러더리고요.

김지혜 사실 방송을 하다 보면 아무리 잘하려고 신경을 써도 당황하거나 생각이 안 나거나 긴장을 하기도 하는데요. 그럼 평소에 말하던 언어 습관이 그대로 나오게 되죠. 평소의 언어 습관을 고치는 게 그래서 중요하단 거예요. 평상시에 늘 연습을 하면서 계속 모니터를 하면 언어 습관도 고칠 수 있고, 방송할 때 훨씬 자신감도 생기죠. 처음엔 자신의 목소리가 어색하기만 하고 듣기도 싫을 수 있어요. 그래도 내가 말하는 걸 녹음해서 계속 들어보고, 혼자 리허설을 하고 그걸 촬영해서 또 봐야 해요. 결국은 연습이 답이죠.

김정은 녹음된 목소리와 녹화된 모습을 보면서 나를 파악해 나가는 거예요. 계속하다 보면 내 장점과 단점이 무엇인지 알게 될 거예요.

김지혜 표정은 어떻게 짓는 게 좋을까요?

김정은 표정은 밝게 해주고 미소를 지어야 해요. 얼굴이 예쁘고 잘생기고를 떠나서 웃는 얼굴에 호감이 가기 마련이거든요. 가끔 다른 방송을 보면 표정이 어둡고 시무룩한 사람이 있어요. 그럼 물건을 사려고 들어왔던 고객도 기분이 안 좋아지겠죠. 밝은 얼굴과 더불어 친절함도 필요해요. 댓글이 너무 많아서 다 읽어주지 못하는 건 이해를 하는데, 사람도 별로 없는데 혼자 주야장천 자기 할 말만 하는 것은 좋지 않죠. 새로 올라온 댓글이 있으면 친절하게 읽어주면서 고객과 소통해야 해요. 표정은 물론 그런 부분에도 신경을 써주세요.

김지혜 목소리가 사람들 귀에 쏙쏙 잘 들어가게 하려면 어떻게 해야 하나요?

김정은 계속 같은 톤으로만 얘기하면 지겹고 잠이 올 것 같잖아요. 중요한 포인트에 강세를 넣어서 지루하지 않게 만드는 게 필요해요. 보지 않으면 구매로 이어질 수 없기 때문에 계속 보고 싶도록 끝까지 신경을 써야 하고요. 말이 엄청 빠른 분도 있고, 굉장히 느린 분도 있는데요. 라이브 커머스의 경우 느린 것보다는 차라리 약간 빠른 게 나아요. 라이브 방송을 시청하는 연령대가 낮은 편이라 전달력 있게 천천히 말하면 답답해하기도 하거든요.

김지혜 또박또박 천천히 얘기하는 분들도 있더라고요.

김정은 본인이 생각하기엔 그게 좋은 방법이겠지만 보는 사람들에겐 그렇지 않을 수 있어요. 라이브 커머스는 스피디한 미디어이기 때문에 그 흐름에 따라가는 것이 맞다고 봐요. 어느 정도 텐션이 있는 게 좋죠.

김지혜 텐션을 어느 정도 주면서 톤에도 변화를 주는 게 좋다는 거군요.

김정은 그게 좀 더 사람들의 시선을 끄니까요. 계속 한 가지 톤으로 말하는 건 곤란해요. 보는 사람 입장에선 한 가지 톤이 지속되면 피로함을 느끼거든요. 말하는 본인도 힘들고요. 그러니 완급 조절이 필요하죠. 말이 빠른 사람은 자신의 페이스대로 약간 속도감을 주며 진행하다 중요한 포인트가 되면 좀 천천히 말하는 거예요. 반대로 말하는 속도가 느린 사람이라면 가장 중요하게 생각하는 부분에서 큰 소리로 얘기하거나 악센트를 넣어 말하는 방법을 써야겠죠. 이렇게 전달력 있는 스피치를 하는 게 좋은데, 라이브 커머스의 경우 여기에 좀 더 재미를 주는 게 필요해요. 코미디언처럼 웃기라는 것이 아니라 사람들이 보게끔 흥미를 유발하라는 것이죠. 다른 사람이 어떤 말을 할 때 본인이 재밌게 느끼는지 생각해 보면 그 답을 알 수 있겠죠?

김지혜 말이 느린 사람은 평소보다는 좀 더 빠른 속도로 말해야겠네요?

김정은 평소 자신의 말이 느린 편이라면 좀 더 빠른 속도로 말하는 게 좋죠. 말이 빠른 사람이 텐션을 준다고 더 빨리 말하면 시청자들이 잘 알아듣지 못하니 그런 경우엔 약간 속도를 줄이는 게 낫고요. 그러려면 자신의 스타일을 먼저 파악하는 것이 필요해요. 녹음한 걸 들어보거나 주변에 물어봐서 속도를 체크해 보세요.

김지혜 말이 후루룩 굴러가버리면 전달력이 떨어지기 때문에 또박또박 말하면서도 속도는 너무 느리지 않게 살짝 텐션을 주는 것이 좋겠네요. 그럼 목소리 톤도 낮은 톤보다는 중음에서 약간 높은 경쾌한 톤이 좋은가요?

김정은 네. 너무 높은 것보다는 경쾌하게 말하는 정도가 가장 듣기 좋더라고요. 경쾌한 목소리를 내기 위해선 연습할 때 약간 웃음기 있는 목소리로 말해보는 것도 방법이에요. 또는 밝은 표정에서 말을 하는 것도 말이 경쾌하게 나오게 하는 방법 중 하나죠. 우물거리는 순간 우울한 말투가 나온다는 걸 기억하고 밝은 표정을 짓거나 약간 웃음기를 띤 채 말하는 연습을 해보세요.

김지혜 경쾌한 음악을 틀어놓고 템포를 맞춰가면서 연습하는 것도 좋을 것 같은데요?

김정은 제가 아는 쇼호스트 중 어떤 친구는 경력이 꽤 있는데도 방송 때마다 매번 떨어요. 방송만 들어가면 너무 떨리고 긴장이 된대요. 그 친구도 방송 직전에 음악을 크게 틀어놓고 텐션을 높이더라고요. 즐겁고 신나는 노래를 부르면서 기분을 업 시키는 거예요. 자기 나름대로 긴장을 풀기 위한 방법을 생각해낸 것이죠.

김지혜 기분이 가라앉았을 때 생각만으로 올리려고 하면 잘 안되거든요. 그럴 때 신나는 음악을 틀어놓고 음악에 조금 젖어있다가 그 템포에 맞춰 방송에 들어가는 건 괜찮은 방법이라고 생각해요.

김정은 라이브 커머스는 자신이 원하는 시간에 방송을 하잖아요. 누가 정해주는 것이 아니기 때문에 자신의 상품이 잘 팔릴 만한 시간을 선택하고 일정한 시간대에 방송을 하는 게 좋은데요. 그 시간이 새벽 1시라면 텐션이 너무 높을 경우 듣는 사람이 피곤해할 수 있어요. 라디오 프로그램의 경우 아침엔 활기차게 시작하고, 졸음이 쏟아지는 낮엔 빠른 음악을 틀어주고, 늦은 밤에는 나지막한 목소리로 방송을 진행하는 것처럼 시간대에 따른 적절한 완급 조절이 꼭 필요하죠. 쇼핑의 경우 낮에 방송하는 일이 많기 때문에 그럴 땐 기본적인 텐션을 주는 것이 좋아요. 만약 새벽 1~2시에 진행해도 되는 방송이라거나 은밀하게 우리끼리 예뻐지자는 콘셉트를 잡고 하는 방송이라면 조금 나지막하게 해도 괜찮고요. 정리하자면 일반적인 상식과 너무 동떨어진 진행 방식은 보는 사람을 불편하게 만들 수 있으니 시간대나 상품에 맞춰 속도를 내는 게 중요하단 거죠.

김지혜 라이브 커머스의 본 목적은 상품을 판매하는 것이기 때문에 상품을 잘 보이게 하는 방법도 중요해 보여요.

김정은 라이브 커머스의 주인공은 상품이라 상품이 잘 보이게 하는 방법을 연구해야 해요. 예를 들어 귤을 판매한다면 작은 귤이 잘 보이도록 앞으로 내밀어 훨씬 커 보이게 만들 수 있어요. 귤처럼 작은 상품이 더 크게 보이길 원한다면 어떻게 해야 할지, 반대로 작은 걸 강조해야 한다면 어떻게 할 때 더 작아 보일지 연구해야 하죠. 아나운서가 자신의 모습을 보며 연습을 하듯 셀러는 주인공인 상품이 잘 보이도록 핸들링 연습을 하는 것도 필요해요. 나는 조연이고 상품이 주연이라는 생각으로 어떻게 하면 상품이 예쁘게 보일까, 맛있어 보일까, 맛있게 먹을 수 있을까 고민해 보세요. 사람들이 어떤 부분을 궁금해할지 생각해 보고 그 부분을 잘 보여주려면 어떤 식으로 상품을 소개하는 게 좋을지 연습해 보시고요. 내 상품이 아닌 다른 상품을 들고 방송하거나 거짓말을 하면 절대 안 돼요. 더불어 상품에 대한 장점을 항상 숙지하고 있어야 하죠. 그래야 말이 자연스럽게 나오거든요. 단 주의할 사항이 있어요. 업체의 대표들과 미팅을 하다 보면 그분들이 상품의 장점을 설명해 주는데 듣다 보면 다른 점이 더 장점처럼 느껴지는 일이 종종 있어요. 또 어떤 분은 열 가지의 장점을 얘기하길래 그중 가장 좋은 세 가지를 꼽아보라고 했거든요. 그런데 그 세 가지 이유를 들어봐도 별 감흥이 없고 사고 싶은 마음도 안 들더라고요. 본인 혼자 생각하는 장점이 아니라 고객이 사고 싶게 만드는 장점 세 가지를 꼽을 수 있어야 해요.

김지혜 그 부분에선 셀러들의 입장이 조금은 이해가 가기도 해요. 자신이 만들거나 판매하는 상품의 경우 객관적으로 보기가 다소 어렵거든요. 나에겐 가장 좋은 상품이고 맨날 보고 먹는 상품이라 다른 사람 입장에서 어떻게 보일지 객관적인 시각을 갖는 게 어려운 것 같더라고요. 그런 부분은 계속해서 다른 사람에게 묻고 피드백을 받는 게 중요한 것 같아요.

김정은 라이브 커머스는 나 홀로 하는 방송이 아니에요. 시청자들은 소통하지 않는 사람 혹은 혼자 잘났다고 생각하는 사람의 방송을 보지 않죠. 사람들이 공감할 수 있는 장점을 생각하는 게 그래서 중요해요. 내가 내 상품의 장점 세 가지를 꼽았는데 그게 전혀 먹히지 않는다는 건 그 세 개가 나에게만 중요하다는 것이죠. 사람들에게 어필할 수 있는 장점이 무엇인지 고민해 보세요. 상품을 판매할 때에는 소구포인트를 잡는 게 굉장히 중요하죠. 소구포인트란 상품을 판매할 때 소비자에게 전달하고자 하는 중심 내용을 말하는데, 이 소구포인트를 뭘로 잡았냐에 따라 매출이 달라지거든요. 똑같은 상품이라 하더라도 저 사람이 방송하면 잘 팔리는데 이 사람이 하면 안 팔리는 이유가 바로 소구포인트에 있죠.

김지혜 아까도 얘기했지만 라이브 방송을 보다가 생각지도 않게 주꾸미볶음을 구입했는데 그게 제 시선을 확 잡아서였거든요. 불쇼를 하면서 토치를 갖다 대니까 불이 확 붙으면서 주꾸미 구이가 30초 만에 완성되더라고요. 거기다가 깨를 탁탁 뿌려서 클로즈업으로 보여주는데 굉장히 먹음직스러워 보였죠. 확실히 눈길이 가더라고요.

김정은 사람들은 들리는 것보다 보이는 것에 더 잘 반응해요. 라이브 커머스는 소리만 들려주는 것이 아니라 내 모습과 함께 물건을 보여주면서 진행하는 것이기 때문에 그런 점을 잘 활용해야겠죠. 상품이 버젓이 있는데 셀러 혼자 계속 얘기만 하면 재미도 없고요. 상품을 다양한 방법으로 보여주면서 흥미를 유발해야 하는데 그러려면 상품의 비주얼에 신경을 써야겠죠. 적당히 역동적인 진행도 집중도를 올려줄 수 있고요. 방송 중엔 시연도 중요해요. 예를 들어 세제를 판매한다면 직접 빨면서 세척력 시연을 해주고, 가방을 판매한다면 내부 시연을 꼼꼼히 해주는 것이 좋죠. 사람들은 리허설을 했음에도 불구하고 생방송이 시작되면 떨기도 해요. 긴장 상태에서는 돌발 상황이 발생하면 대처하기가 더 어렵죠. 어떤 분이 블라우스 3종을 판매하는데 그중 핑크색 블라우스를 미쳐 챙겨놓지 못했다고 해봐요. 방송은 시작된 상태인데 도와줄 사람은 없다면 시청자 눈치 보지 말고 과감하게 물건을 찾아서 가지고 와야 해요. 상품을 보여줄 수 없으면 팔 수도 없잖아요. 라이브 상황이지만 중요한 걸 잊어버렸다고 말하면서 찾으러 가면 돼요. "잠시만요. 제가 핑크 블라우스를 저기 놓고 왔는데요. 지금 가지고 올게요. 저 가고 있어요. 갑니다. 진짜 갑니다." 이렇게 자연스럽게 대처하면 오히려 궁금해서라도 더 보게 되거든요. 방송에 꼭 필요한 물건이 없을 땐 과감하게 이동해 찾아오세요. 눈치 보는 거 시청자들 눈에 다 보인답니다.

김지혜 초보자의 경우 카메라를 봐야 하는데 다른 델 보고 얘기하는 분도 많더라고요. 시선 처리 연습은 어떻게 하는 게 좋을까요?

김정은 정면을 보는 게 어색해서 오른쪽 왼쪽으로 시선이 왔다 갔다 하는 사람이 있는데 그럼 보는 사람이 불안해지거나 힘들어져서 나가는 경우가 많아요. 시선 처리가 어려운 경우 만약 옆에 함께 진행하는 사람이 있다면 그 진행자를 보고, 혼자 방송한다면 상품을 보고 하면 돼요. 그렇게 어느 한 곳을 정해놓고 그곳을 보면서 얘기해 보세요. 시청자들은 내 시선을 따라가기 때문에 내가 상품을 보면 사람들도 상품을 보거든요. 그것도 어렵다면 두리번거리지 말고 차라리 스마트폰을 보세요. 그리고 솔직하게 얘기하는 거예요. "제가 너무 떨려서 여러분을 보고 얘기하면 긴장이 되니까 처음엔 스마트폰을 보면서 할게요."라고요. 오히려 그런 부분을 재미있게 풀어낸다면 그 점이 장점으로 바뀔 수도 있죠.

김지혜 같이 방송할 사람이 없는 경우 옆에 인형이라도 앉혀 놓고 활용하는 건 어떨까요?

김정은 그것도 괜찮고요, 너무 자신이 없다면 가면을 쓰는 것도 좋아요. 가면만 쓰면 이상하게 자신감이 붙는 사람이 있거든요. 가면이라는 소품을 활용해 가면맨이라는 캐릭터를 구축해 나가는 것도 괜찮죠. 본인의 단점을 커버하는 재미있는 방법을 생각해 보세요. 자신의 단점만 파악하고 있다면 라이브 커머스에선 그걸 장점으로 바꿀 수 있어요.

김지혜 〈복면가왕〉이라는 프로그램이 있잖아요. 복면을 쓰고 노래를 부르니까 자신감이 생겨 더 잘 부르게 된다고 하죠. 부끄러움이 많은 분은 복면이나 가면을 이용해 얼굴을 가리는 방법도 쓸 수 있겠어요. 가발 같은 소품을 활용해도 좋겠고요.

김정은 그렇죠. 가면이나 가발을 쓰면 자신감 회복과 더불어 또 좋은 게 있어요. 시청자들이 "가면 좀 벗어주세요. 가발 좀 벗어주세요. 얼굴이 궁금해요." 하면서 방송에 흥미를 느낀다는 거예요. 그럼 몇 개 팔리면 벗겠다든지, 한 명만 더 구입하면 벗겠다든지 약속을 할 수 있잖아요. 그게 바로 이벤트가 되는 거죠.

김지혜 또 어떤 소품을 활용해 재미있는 방송을 할 수 있을까요?

김정은 제가 다음 주에 교동의 뚝배기 불고기와 냉면 방송을 하는

👤 6,087

Hmall 쇼핑라이브에 오신것을 환영합니다. 미풍양속을 해치는 채팅은 통보없이 임의삭제 및 퇴장될 수 있으니 양해 부탁드립니다.

omj****님이 입장하셨습니다.

쇼라밖에난몰라 👑 😂😂😂😂

👤 omj**** 😊😊 대박요

👤 omj**** 피부 좋아지나요?

프라 도가니탕 먹으면 입술 붙자나요 찐득찐득ㅋㅋ

❤️브랜드 담당자❤️ 재료를 아끼지 않은 제품, 교동관 도가니탕입니다.

👤 omj**** 열심히 먹어야 겠어요^^

채팅에 참여해보세요   구매하기

Job
Propose 54

데요. 새로운 콘셉트를 찾다가 이번엔 장금이 의상을 입기로 했어요. 쑥스럽다거나 자신감이 좀 떨어진다면 이런 의상만으로도 자신감이 생길 수 있죠. 내가 아닌 것 같은 느낌이 들기도 하고 텐션이 오르기도 하거든요. 사람들의 시선을 잡는 방법이 될 수도 있고요.

김지혜 분장을 해보는 것도 좋겠네요.

김정은 부끄러울 때는 분장도 좋죠. 연극배우들도 분장을 하는 순간 캐릭터에 몰입해버리잖아요. 실제로 제가 방송을 하던 중에 진행자들이 재미있는 얘기를 했더니 저희 스텝들이 킥킥댔던 적이 있었거든요. 얼굴은 나오지 않고 목소리만 킥킥대니 시청자들이 스텝들 얼굴 좀 보여달라는 댓글을 달더라고요. 그래서 스텝들이 가면을 뒤집어쓰고 방송에 잠깐 나왔는데 반응이 좋더라고요. 부끄러움 때문에 고민이라면 그런 식으로 가면이나 가발, 분장 등을 활용해 보세요. 오히려 매출에 도움이 되는 방향으로 나아갈 수도 있죠.

Job
Propose 54

김지혜 일반 방송은 자막이 나가지만 라이브 커머스는 스마트폰으로 찍기 때문에 자막을 띄울 수 없으니 POP를 활용하는 것도 좋을 것 같아요.

김정은 맞아요. 가격 할인 포인트나 오늘의 혜택, 라이브 퀴즈 문제 등은 미리 POP로 제작해서 활용하는 게 좋아요. 집중도 향상에 도움도 되고 재미도 주어서 시청을 유도할 수 있거든요. 원래 라이브 커머스엔 자막이 없었는데 최근 들어 네이버 쇼핑라이브에서 자막 기능을 추가했어요. 사진이나 그림, 내가 표현하고 싶은 글을 중간에 띄울 수 있게 되었죠. 여러분들이 준비해야 할 건 내가 사용하려는 채널에 대한 공부예요. 내가 원하는 채널이 어떤 식으로 구성되어 있는지, 어떤 기능을 제공하는지 등을 숙지한다면 더 효과적인 방송을 할 수 있겠죠?

김지혜 예전엔 POP를 많이 사용했는데 최근에 자막 기능이 생겼군요. 기술이 계속 업그레이드되기 때문에 늘 주시하면서 어떤 기능이 생겼는지 체크해 볼 필요가 있겠네요.

김정은 제가 어제 곡성에서 방송을 하면서 진행 중에 이동을 했는데 그 시간 동안 화면에 영상을 하나 띄웠어요. 사진이나 그림, 글은 물론 영상 삽입도 가능하게 되었죠.

▶ LIVE 시청자와 소통하기

김지혜 댓글 창을 수시로 보면서 계속해서 시청자와 소통해야 하는 중요성도 얘기하셨어요.

김정은 아까 주꾸미 얘기를 하셨으니 그걸로 예를 들어볼게요. 본인이 생각한 콘셉트대로 주꾸미볶음 시연을 화려하게 보여준 다음 얼마인지 가격을 알려주는 계획을 세워놓은 후 그 순서대로만 진행하는 사람이 있다고 해봐요. 시청자들이 영상을 보다 양념이 매운지 안 매운지 궁금해서 댓글을 다는데도 그것과 상관없이 자신이 준비한 것만 순서대로 해나간다면 사람들이 어떻게 느끼겠어요? 방송에는 유동성이 있어야 하고, 진행자는 순발력이 있어야 해요. 중간중간 댓글을 확인하면서 호응해 주고, 그 순간에 시청자들이 가장 궁금해하는 것들을 해소해 주어야 하죠. 라이브 커머스의 가장 큰 장점은 소통이니까요. 홈쇼핑이 생방송으로 진행된다고 해도 사실 일방이에요. 사람들의 마음을 읽을 수 있는 창이 없거든요. 요즘엔 카톡 서비스를 하지만 그건 한계가 있고요. 라이브 커머스는 소통이 기본인 만큼 시청자의 의견을 계속 무시한다면 살아남기 어려워요. 제가 어떤 경우까지 봤냐면 고객이 가방 안쪽을 보

여달라고 하는데 셀러는 계속 겉만 보여주고 있는 거예요. 보다 못한 다른 고객이 "누가 안쪽 좀 보여달라고 하잖아요. 저도 내부가 보고 싶어요."라고 하는데도 본인 혼자 자신이 짜놓은 얘기만 계속 하더라고요. 그럴 거면 차리리 무반응녀, 무소통녀로 콘셉트를 잡아야죠.

김지혜 나는 반응 안 하니 묻지 마세요. 제가 눈이 안 좋아서 글씨를 잘 못 읽어요. 그렇게 대놓고 얘기해야 하는 건가요?^^

김정은 고객과 소통하지 않을 거면 차라리 그렇게 얘기를 하세요. "전 제가 하고 싶은 것만 해요. 궁금한 건 나중에 물어보세요. 댓글 남겨도 소용없어요. 일단 제가 하고 싶은 것만 할게요." 소통이 무엇보다 중요하지만 절대 안 되는 사람은 어쩔 수 없으니 그걸로 자기 스타일을 개발하는 수밖에 없잖아요.

김지혜 이제 어떻게 하면 상품의 홍보를 잘할 수 있을지 마케팅 측면에서 얘기를 나눴으면 해요. 굉장히 다양한 상품이 있고 각 상품마다 특징이 다르기 때문에 판매 포인트도 모두 다를 것 같은데요?

김정은 라이브 커머스에선 상품의 가장 중요한 장점을 어떻게 보여줄 것인가에 초점을 맞춰야 해요. 예를 들어 클렌징 제품을 판매한다면 가장 중요한 게 뭐겠어요. 세정력이죠. 본인 얼굴에 제품을 발라 클렌징 시연을 하면서 얼마나 잘 지워지는지 보여주는 거예요. TV 홈쇼핑을 보면 얼굴에 색칠한 다음에 클렌징으로 싹 지우는 시연을 하잖아요. 그것만큼 좋은 시연이 없거든요. 클렌징 제품의 특징과 장점을 가장 잘 보여주는 건 시연이죠. 화장품을 판매하는데 이걸 바르면 피부가 반짝거리는 게 장점이라면 그 점을 부각해야 해요. 음식이라면 맛있게 먹는 것이, 슬림해 보이는 옷이라면 실제로 입었을 때 날씬하게 보이는 것이, 탄성이 좋은 제품이라면 잘 늘어나는 것이 중요하기 때문에 그와 관련된 시연을 보여줘야 하죠. 매운 음식의 경우 매운맛의 정도를 전달해야 하는데 그땐 아이들이 먹어도 되는 매운맛이라든지, 어른들만 먹을 수 있는 매운맛이라든지 신라면 정도의 매운맛이라든지 하는 기준을 제시해 주면 좋고요. 어떤 사람은 자신의 제품은 시연이 불가능하다고 얘기하는데, 무형의 제품을 제외하곤 모두 시연이 가능해요. 여행 상품은 무형이기 때문에 그림이나 영상으로만 보여줄 수 있지만 나머지 유형의 상품들은 시연을 할 수 있기 때문에 어떻게 하면 장점을 극대화할 수 있을지, 다른 상품과의 차별점을 부각할 수 있을지 연구해야 하죠. 아까 얘기한 클렌징 제품의 경우 고객들 입장에선 저렇게 잘 지워진다면 혹시 센 성분이 들어간 건 아닌지, 그런 성분이 피부에 악영향을 주는 건 아닌지 의구심이 들 수 있잖아요. 그런 생각을 하는 사람들이 있기 때문에 잘 지워지는 걸 보여주면서 동시에 착한 성분, 자연에서 온 성분, 순한 성분을 강조하는 거예요. 그럼 잘 지워지면서 성분도 좋네, 그럼 써봐도 좋겠네 하는 마음이 들게 되죠. 성분표와 포장만 보여주면서 어떤 성분이 들어가 있고 포장은 이렇게 생겼다고 설명하는 건 잘못된 방송이에요. 그런 얘긴 다들 지루해하거든요. 표에 적힌 걸 그냥 읽어주는 건 의미가 없고 중요한 걸 시연으로 표현해 줘야 하죠. 자신의 상품이 가진 장점을 잘 이해하고 이를 살릴 수 있는 표현에 관한 연구를 많이 해놔야 방송이 다채로워지고 매출로 연결될 수 있어요. 내가 좋아하는 걸 얘기하는 것이 아니라 사람들이 궁금해하는 것들을 말해줘야 하고요. 이러한 점은 앞서 얘기했던 소구포인트와도 연결이 돼요. 라이브 커머스를 하면서 상품의 소구포인트를 새로이 발견하는 사람도 있거든요. 지금까지 내 상품의 장점은 A라고 생각했는데, 사람들의 댓글이나 반응을 보니 B에 더 관심이 많다는 걸 알게 되기도 하는 거죠. 어떤 시청자가 댓글로 궁금한 점을 물어봐서 알려줬더니 그 시점에 매출이 확 올라간다면 거기에 의미가 있는 거예요. 그동안은 소구포인트를 잘못 잡았던 거죠. 사람들이 정말로 궁금해하는 것, 그들이 원하는 것에 다가갈 수 있다는 점도 라이브 커머스의 장점이에요.

김지혜) 댓글을 활용해서 소구포인트를 찾아가는 것도 좋은 방법이네요.

김정은) 정말 모르겠을 땐 방법이 되죠. 주변 지인들의 경우 내가 하도 좋다고 얘기하니까 도취돼서 내가 했던 얘기만 하기도 하잖아요. 그렇기 때문에 오히려 전혀 모르는 사람들의 얘기를 들어볼 필요도 있어요. 꾸준히 판매했거나 대면 판매를 많이 해본 사람들은 어떤 걸 얘기했을 때 매출이 잘 나온다는 걸 알아요. 오랜 기간 판매하면 그만큼 상품평도 쌓이기 때문에 거기서도 사람들이 중요하게 생각하는 점을 캐치할 수 있고요. 신제품이 나왔을 때 무료로

써볼 수 있는 샘플 이벤트를 하는 이유가 그러한 데이터를 얻기 위해서예요. 라이브 커머스에서도 뭔가를 무료로 나눠준다면 그에 대한 상품평을 받거나 체험단 이벤트를 해서 데이터를 쌓는 게 도움이 되겠죠.

김지혜 소구포인트를 잡기가 어려운 제품이 있을까요? 제품에 따라 어떤 건 쉽게 잡히지만 애매하거나 난해한 것도 있을 거 같아요.

김정은 어려운 방송 상품 중 하나가 의료기기나 건강기능식품이에요. 시험이나 연구를 통해 도출된 효능효과가 정해져 있기 때문에 그 내에서만 얘기를 해야 하거든요. 뻔하긴 해도 그 안에서 원재료와 연결을 시키면서 어떤 점이 좋은지를 잘 잡아내야 하죠. 라이브 커머스엔 아직 규제가 없지만 의료기기나 건강기능식품의 경우 관련법이 있기 때문에 곧 규제가 생길 거예요.

김지혜 얼마 전에 남양유업의 불가리스가 코로나에 효과가 있다는 얘길 해서 회사가 다른 기업으로 넘어가는 상황까지 갔죠.

김정은 한두 번 방송하고 끝낼 거 아니잖아요. 내 회사가 커질 수 있다는 마인드를 갖고 정직한 방송을 해야 해요. 라이브 커머스를 시작한 이상 이 방송을 많이 볼 수도 있다, 언젠가는 규모가 더 커질 것이다, 이 영상은 계속 남는다는 생각을 갖고 방송해야지 함부로 말하는 건 금물이에요.

김지혜 의료기기나 건강기능식품 방송은 주의가 필요하겠네요.

김정은 굉장히 조심해야 돼요. 의료기기법 혹은 건강기능식품법을 모두 숙지한 상태에서 방송을 시작해야 하죠. 다이어트 상품을 판매하는 경우 당연히 이걸 먹으면 살이 빠진다고 말하고 싶겠지만 살이 빠진다는 표현은 금지예요. 살이 빠진다고 해서 이걸 사서 먹은 사람이 있는데 안 빠진다면 어떻게 할 거예요? 다 보상해 줄 건가요? 문제의 소지가 많기 때문에 체중 감량 효과가 있는 성분이 들어있다는 정도만 말해야 하죠. 건강식품을 판매하는데 본인이 이 제품을 먹은 후 실제로 당뇨가 없어졌다고 해도 그 체험담 역시 얘기하지 못하게 되어 있고요. 그래서 의료기기나 건강기능식품을 방송할 때는 관련법을 숙지한 쇼호스트나 전문가와 함께 진행하는 것이 좋아요. 이 인터뷰가 있고 얼마 지나지 않아 실제로 건강기능식품 라이브 커머스의 경우 사전 심의 제도가 생겼어요. 이젠 건강기능식품을 방송하려면 미리 사전 심의를 받고 방송을 해야 하는 거죠. 그런 사실을 인지하지 못한 채 심의도 받지 않고 방송을 했던 몇몇 업체는 방송 정지와 라이브 방송 검색 제한 처분을 받기도 했어요. 의료기기나 건강기능식품의 경우 정말 주의 깊게 사전 심의를 준비하고 방송을 해야 해요.

김지혜 내가 먹었더니 이랬더라 하고 자신의 경험담을 얘기하지 못하는군요.

김정은 그렇죠. 사람들이 홈쇼핑을 보다 답답해하는 이유가 거기에 있어요. 확실하게 다이어트가 된다고 얘길 해주지 않으니 다이어트 식품인데 왜 살이 빠진다는 얘길 안 하지? 정말 효과가 있는 걸까? 하고 답답해하는 거죠. 심의를 준수해야 하기 때문에 그런 얘긴 금지고 임상결과를 POP로 보여주면서 성인남녀 기준으로 몇 개월 동안 섭취했을 때 몇 Kg의 감량 효과가 있었다는 문구를 읽어주거나 원재료 성분에 대해서만 얘기할 수 있어요. 거기서 더 나아가면 안 되죠. 잘 모르거나 어설프게 알고 방송을 했다가는 나중에 안 좋은 상황으로 이어질 수 있으니 자신의 상품에 대해 완전히 숙지하고 방송을 시작해야 해요.

김지혜 자기 상품에 대한 공부를 확실히 끝내고 방송을 해야겠네요.

김정은 그럼요. 음식의 경우 해썹 인증을 받았다거나 식약처에서 기능성 인증을 받은 상품이라면 그걸 강조해야겠죠. 인증을 받지 못한 제품이 많기 때문에 분명 중요한 차이점이 되거든요. 그런 식으로 자신의 상품에 대해 연구하고 공부하는 게 먼저예요. 상품에 대한 파악을 잘해야 방송도 잘할 수 있거든요.

김지혜 제품마다 특징적인 포인트가 다를 텐데, 그런 걸 좀 제시해 주시면 좋겠어요.

김정은 각 상품은 상품표기법도 다르고 중요한 포인트도 달라요. 우선 가전기기는 등급이나 출시 연도가 중요하죠. 의류의 경우 별건 아니지만 섬유의 함량을 꼭 넣어야 하는데 놓치는 일이 간혹 있으니 신경을 써야 하고요. 신발은 사이즈가 중요해요. 정사이즈라면 그게 운동화가 기준인지 구두가 기준인지 정확히 알려줘야 하죠. 그러지 않을 경우 반품률이 높거든요. 보석의 경우 TV 홈쇼핑에서 방송을 할 땐 조명이 굉장히 세기 때문에 반짝거리는 게 예뻐서 구입했다가 실제로 받아보고 실망해 반품하는 일이 많죠. 똑같은 상품이지만 빛을 많이 받고 클로즈업하면 크고 아름다워 보이지만 집에서 보면 그렇지 않을 수 있거든요. 그런데 반대로 라이브 커머스에선 조명이 설치되어 있지 않아 실제로는 예쁜데 화면에 잘 잡히지 않아 구매로 이어지지 않는 경우가 있어요. 그러니 비주얼이 중요한 보석류나 화장품과 같은 상품을 판매한다면 조명에 투자하는 것이 좋아요. 화장품을 바르고 피부가 반짝거리는 걸 보

여줘야 하는데 조명이 없어서 계속 칙칙해 보이면 안 되잖아요. 눈으로 봤을 때 예뻐야 하는 상품이라면 그걸 가장 극대화할 수 있는 방법을 고민해 봐야 하죠. 식품의 경우 기본은 맛이지만 그 맛을 표현하는 방법도 중요해요. 달달하다, 짭조름하다 등 음식에는 정말 다양한 수식어가 붙잖아요. 그걸 실감 나게 잘 표현하는 기술이 필요하죠.

김지혜 구체적으로 어떻게 표현하면 좋을까요?

김정은 매운 음식인데 그냥 맵다고 하면 어느 정도 매운지 보는 사람 입장에선 감이 잘 안 올 수 있잖아요. 불맛이 나는 매운맛이라든지 누구나 다 아는 신라면을 기준으로 그것보다 조금 더 매운맛, 덜 매운맛 등으로 표현해 주는 거죠. 다양한 단어를 찾아보면서 보다 구체적으로 자기만이 표현할 수 있는 무기를 만들어보세요. 중량도 중요한데요. 일반적으로 다른 제품들이 500g을 기준으로 판매하고 있는데 자신의 상품이 700g이라면 "500g이 아니라 700g입니다."라고 중량을 강조하는 거죠. 이런 식으로 장점을 더욱 부각할 수 있는 표현에 대한 준비도 필요해요.

김지혜 재료를 설명할 때도 이건 어느 산지에서 왔다거나 국내산이라거나 유기농으로 키웠다거나 하는 장점을 어필해야겠죠?

김정은 그렇죠. 예를 들어 달걀을 판매하는데 이게 자연에서 방목한 닭들이 낳은 알이라고 해봐요. 자연에서 스트레스받지 않고 자란 닭의 달걀을 산지 직송으로 배송해 주는 것이 바로 소구포인트가 되는 것이죠. 그러면서 닭들이 풀을 뜯어 먹으며 노니는 모습을 보여주면 돼요. 소구포인트를 잡을 때는 내 생각도 중요하지만 지인들에게 묻는 것도 반드시 필요해요. 내 상품 중에 뭐가 가장 좋았는지 물어보세요. 여러 사람의 의견을 모은 후 그중에서 세 가지 정도의 특장점을 정리해서 그걸 위주로 방송을 하는 거예요. 전에 제가 의뢰받은 상품 중에 굼벵이 진액이 있었어요. 굼벵이를 떠올리면 생각만으로도 좀 이상한 기분이 들고 진액이라고 하면 맛도 없을 거 같잖아요. 효능이 아무리 좋더라도 먹기가 꺼려지면 판매로 이어지지 않기 때문에 이 업체에선 굼벵이 진액을 환과 가루로 만들었어요. 먹기 편하게 환 타입과 가루 타입 두 가지로 만든 것이 바로 소구포인트가 되었죠. 꿀을 판매하는 곳도 있었는데 이 업체도 먹기 편하도록 쭉 짜먹을 수 있는 이지컷 포장을 활용했어요. 그럼 이 업체의 소구포인트는 이지컷이 되는 거죠. 신발의 경우 어떤 신발은 디자인이 소구포인트가 아니에요. 이건 그렇게 예쁜 디자인은 아니지만 굉장히 편한 신발이다, 성수동 장인이 만들었다, 발볼이 넓은 사람도 무지외반증인 사람들도 다 신을 수 있다, 하는 점들이 중요한 특장점이자 소구포인트가 되는 것이죠. 반대로 나만의 디자인이 들어간 신발이라면 독특한 디자인이 소구포인트이고요. 고무줄 바지라면 55부터 66, 77 사이즈까지 누구나 입을 수 있다는 점이 소구포인트예요. 방송에서 허리 부분을 쭉 늘렸다가 탁 놓으면서 탄성이 얼마나 좋은지를 잘 표현해 줘야겠죠. 레깅스인데 이너팬티가 들어가 있는 제품이라 엉덩이 부분에 팬티 자국이 생기지 않는다면 그게 바로 소구포인트가 되겠고요. 내 상품의 진정한 장점을 잘 파악해 보세요. 여기서 모든 상품군의 소구포인트를 정해줄 수는 없어요. 같은 상품군이라 해도 특징이 다르기 때문에 하나로 정의하기는 어렵거든요. 방법만 알려드릴 테니 그대로 내 상품의 소구포인트를 찾아보세요. 우선 내가 판매하려는 상품의 장점을 열 가지 써 보는 거예요. 그리고 서너 가지로 추리는 연습을 계속하는 거죠. 앞에서도 얘기했지만 혼자서 하지 말고 지인들, 함께 이 제품을 개발한 사람들, 홍보 차원에서 나눠줬던 사람들, 이 제품을 많이 사용해 본 사람들의 의견을 반영하세요. 상품평이 있다면 그것도 반영하고, 재구매율이 높은 고객에게 구매 이유를 묻고 얻은 답변도 반영하세요. 그런 걸 잘 정리하고 추려서 소구포인트를 잘 잡아야 라이브 커머스 방송도 더욱 효과적이겠죠?

김지혜 혼자서는 하기가 힘들겠네요.

김정은 여태 혼자 해 왔는데 실적이 그리 좋지 않다면 소구포인트를 잘못 잡은 거예요. 그럼 다른 사람의 의견을 들어야죠. 고객들의 마음을 움직이는 포인트가 있거든요.

김지혜 판매자는 자신의 상품이 좋다는 확고한 생각이 있어서 그런지 다른 의견도 들어봐야겠다는 생각을 잘 못하더라고요. 예를 들어 꿀을 파는 사람이 꿀의 좋은 효능에만 꽂혀 있어서 이게 피로 회복과 미용, 면역력에 정말 좋은 꿀이라고 계속 얘길 하는데, 보는 사람 입장에선 그럼 다른 꿀도 다 그렇지 뭐, 하고 생각하거든요. 그런 면에서 아까 얘기한 이지컷 포장 같은 게 좋은 소구포인트가 되는 거고요.

김정은 콘셉트를 잡을 때엔 중요한 포인트에 집중해야 해요. 예를 들어 통닭 방송을 하는데 오늘은 세일을 하지 않고 원래 가격인 19,900원에 판매한다면 통닭 자체에 대해서만 얘기해야 하죠. 가격에 대한 메리트가 없으니까요. 만약 1+1 방송을 하는데 방송을 잘 못하는 사람이라면 산지에서 스트레스 받지 않고 자란 닭이고 비법 소스가 들어있다는 얘기만 하겠죠. 오늘은 한 마리를 더 주는 방송인데 평상시와 똑같이 통닭 자체에 대한 얘기만 하면 안 돼요. 오늘 구매하면 한 마리를 더 준나는데 포인트를 두고 콘셉트를 잡아야 하죠. 제가 케이멜론 100원 이벤트를 한 적이 있는데, 워낙 파격적인 가격이라 그런지 원래 가격을 주고도 살 사람이 이벤트를 기다리면서 안 사더라고요. 맛있고 가격도 좋은데 굳이 100원 이벤트까지 해서 살 사람까지 안 사게 만들지는 말고 다른 방향으로 가보자 생각했어요. 그 결과 이 비용으로 차라리 무료 배송을 하는 게 더 좋겠다는 결론을 얻었죠. 요즘엔 배송료가 비싸고 3Kg이나 5Kg짜리 상품은 묶음 배송이 안 되기 때문에 이런 경우 가장 큰 장점은 무료 배송이 될 수 있거든요. 배송비가 없으면 한 박스씩 선물하기도 부담스럽지 않고요. 그런 식으로 여러분도 내 상품의 가장 중요한 포인트를 잡아보세요.

김지혜 본인 제품의 단점이나 부족한 부분을 솔직하게 얘기할 필요가 있을까요?

김정은 상황에 따라 다른데요. 예를 들어 어떤 건강기능식품이 있는데 정말 쓰지만 몸에는 좋아요. 그럴 땐 솔직하게 쓰다는 사실을 얘기하는 거예요. "이거 솔직히 좀 써요, 원래 몸에 좋은 게 쓰다고 하잖아요, 하지만 이걸 먹으면 이런저런 도움을 받을 수 있어요." 이런 식으로 가는 거죠. 단점이지만 장점과 연결시켰을 때 크게 문제 되지 않는 건 솔직하게 말해야 해요. 어차피 다 알게 되어 있으니까요. 반면 너무 안 좋은 점이 하나 있는데 그걸 얘기하면 살 사람도 달아나요. 그렇다면 그런 건 굳이 밝힐 필요가 없겠죠. 메이드 인 차이나 같은 것도 일부러 얘기할 필요는 없겠고요.

김지혜 다 알지 않나요?

김정은 다 아니까 말할 필요가 없는 거예요. 신발 방송을 할 때도 메이드 인 차이나라고 쓰여 있는 건 굳이 말하지 않잖아요. 국내산인 경우에만 말하면 되지 중국산인 경우 상세 설명에 다 나와 있기 때문에 내가 굳이 얘기할 필요는 없어요. 이것도 노하우인데 신발을 잘 만드는 업체의 경우 메이드 인 차이나 표시가 잘 보이지 않도록 어떻게든 숨기죠. 쓰긴 써야 하니까 안 보이게 안쪽에 살짝 박는 거예요. 그런데 처음 해보는 업체의 경우 신발을 화면에 비추는 순간 메이드 인 차이나 표시가 크게 보이게 만들죠. 그럼 가리기도 힘들어요. 방송을 할 땐 그러한 단점보다 장점을 부각하는 각을 잡는 게 중요해요.

김지혜 TV 홈쇼핑을 보다 보면 음식을 일단 입에 넣긴 했는데 너무 뜨거워서 표정 관리가 안 되는 경우가 있더라고요. 계속 진행을 해야 하는데 본인도 당황해서 말을 잇지 못하고요.

김정은 음식의 경우 맛을 볼 때의 온도도 신경 써야 하지만, 전체적인 요리 시간과 온도 조절, 불 조절 체크도 필수예요. 치즈가 들어간 음식을 파는데 치즈가 납작하게 퍼지기만 하면 그다지 식욕을 자극하지 않죠. 요리를 많이 해본 사람은 언제 치즈가 부풀어 오르는지 알거든요. 그 시간을 잘 체크해서 치즈가 부풀어 오르거나 쭉 늘어나는 시점에 꺼내 보여줘야 해요. 이런 에피소드도 있어요. 러닝머신의 경우 당연히 미리 조작을 해보고 방송을 진행해야 하는데 홈쇼핑 방송 초창기 때 처음 작동해 본 사람이 시연을 한 거예요. 멈춤 버튼을 눌러야 하는데 그러지 못해 패드에서 떨어지고 방송 중에 화면에서 사라져버렸죠. 피를 흘리며 응급실로 실려 갔는데 그 장면 중 일부가 화면에 잡혔어요. 도마 방송을 하다 손가락을 다친 경우도 있고요. 제가 한 연예인이랑 고데기 방송을 한 적이 있는데요. 실수로 그분 쪽에 있는 코드를 연결하지 않은 채 진행을 했어요. 그런데도 그분은 시연을 하면서 "너무 잘 되죠?" 이러는 거예요. 옆에서 보니까 하나도 말리지 않고 처음 그대로인데 말이에요. 그럴 땐 빨리 솔직하게 말해야 해요. "죄송해요. 저쪽 코드가 빠져 있었네요. 제 걸로 먼저 보여드릴게요." 하고요. 이런 돌발 상황에서도 경력자와 비경력자의 차이가 생기는 거죠. 이후에도 다른 연예인과 물결 모양 머리를 만들어주는 고데기 방송을 한 적이 있어요. 물결 모양은 긴 머리에 해야 예쁜데 그분이 앞머리를 고데기로 찍더라고요. 본인 나름대로 새로운 걸 보여주고 싶었나 본데 저는 그 순간 느낌이 왔죠. 앞머리에 물결 모양을 찍으면 얼마나 이상하겠어요. 고데기를 떼는 순간 너무 웃길 거 같은 거예요. 실제로 웃음이 터져버린 스텝들이 카메라를 놓고 스튜디오 밖으로 다 나가버렸죠. 라이브 중에 감독들 없이 한동안 저 혼자 진행했어요.

김지혜 어떻게 수습했어요?

김정은 자료 화면으로 돌리면서 개성 있는 연예인이니까 저 정도지 저는 저런 거 못한다고 그랬죠. 그런 상황에선 빨리 다른 화면으로 돌리는 게 최선이에요. 예전에 TV 홈쇼핑에서 안 깨지는 걸로 유명한 브랜드의 그릇을 방송하면서 이건 안 깨진다고 하며 던졌는데 다 깨져버린 건 유명한 일화죠. 그런 일들은 보통 사전 준비가 미흡해서 벌어지는 경우가 많아요. 헤어드라이어를 시연해야 하는데 코드도 안 꽂아놓고, 치즈 늘어나는 거 보여줘야 하는데 온도 조절이 안돼서 다 눌어붙어 있으면 안 되잖아요. 상품의 특장점을 부각할 때는 체크할 사항들을 미리 확인하는 게 기본이죠. 그래서 리허설이 반드시 필요한 거고, 리허설을 건너뛰면 방송이 리허설이 된다는 거예요.

김지혜 상황별로는 날씨의 변화도 중요할 것 같은데, 그럼 날씨에 따라 소구포인트를 바꿔주는 건가요?

김정은 홈쇼핑 같은 경우 첫 번째 방송이 대박이 나서 두 번째엔 만 개는 나가겠지 하는 마음으로 만 2천 개를 만들어놨다고 해봐요. 그런데 두 번째 방송을 하는 날은 햇볕이 너무 좋고 날씨가 쨍해서 집에 있는 사람이 거의 없고 다 밖으로 나간 거예요. 그럼 TV를 보는 사람이 별로 없기 때문에 그 상품은 망한 거나 다름없죠. 그런 경우를 많이 봤어요. 첫 번째 상품을 방송할 땐 운 좋게 태풍이 와서 사람들이 집에 있는 바람에 시청률이 높아 대박이 났는데, 두 번째 상품은 햇볕이 쨍한 주말에 방송을 해서 완전히 망한 경우가 종종 있었죠. 그런데 라이브 커머스는 날씨의 영향을 적게 받아요. 비가 오나 눈이 오나 이동할 때나 우린 늘 스마트폰을 보잖아요. 그래서 라이브 커머스의 경우 특별히 잘나가는 시간대가 정해져 있지 않은 거고요. 홈쇼핑은 시간대별로 가격이 다 달라요. 드라마가 끝나는 시간 즈음에 시청률이 높아지기 때문에 그 시간대는 가격이 비싸죠. 라이브 커머스를 하는 사람은 자신의 제품 특성을 고려해서 적절한 시간대를 찾아보면 돼요. 예를 들어 아이들 용품이라면 엄마들이 아이를 유치원에 보내놓고 좀 한가해지는 11시쯤이 좋겠죠. 우리가 출출해지는 시간대가 5~6시니까 음식은 그 시간이 좋겠고요. 계절을 타는 상품도 있는데요. 우선 겨울용 모피나 패딩은 한여름에 방송하면 잘 안 팔리죠. 지금 당장 필요한 게 아니니까요. 재고가 쌓여있는 것보단 파격가로 주는 게 더 낫다 싶어 역시즌 특별방송을 하는 게 아니라면 계절에 맞춰 방송하는 게 좋아요. 선크림은 반대로 더울 때 가장 잘 팔리기 때문에 여름에 팔고 겨울엔 연구와 개발을 해야 해요. 속옷의 경우 편안한 상태에서 보는 경우가 많기 때문에 심야가 좋고, 교육 상품은 1년 열두 달 시즌을 타지 않지만 그래도 방학 시즌에 좀 더 잘나가고요. 이런 식으로 자신의 제품과 맞는 시간대 혹은 시기를 찾아보세요. 만약 시간대를 정했는데 프라임 상품이 많은 시간대와 겹친다면 피하는 것도 방법이에요. 그 시간대에 해봤자 내 방송을 볼 확률이 매우 낮다면 방송이 적은 시간으로 옮겨서 내걸 보게 만들어야죠.

김지혜 야식을 파는데 아침에 방송을 하면 좀 엉뚱한 거겠죠?

김정은 아침부터 먹기에 과한 음식을 아침에 방송하면 아무도 안 사겠죠. 그래서 아침엔 삼겹살 같은 거 안 팔잖아요. 아침부터 무슨 삼겹살이냐고 하면서 안 살 텐데 그런 걸 굳이 하지는 마세요.

김지혜 그 음식이 먹고 싶어질 만한 시간대에 팔아야겠네요?

김정은 그런 게 가장 좋죠. 그렇기 때문에 TV 홈쇼핑에서도 식사 시간대에는 음식을 많이 팔잖아요. 가족이 모여 있는 주말에는 여행 상품을 많이 팔고요. 라이브 커머스에서는 아이들과 관련된 상품은 엄마가 가장 많이 구입하기 때문에 엄마들이 한가한 오전 시간에, 아이패드나 스마트폰, 소형가전 등 젊은 친구들이 좋아하는 상품은 저녁 시간이나 밤에 방송하는 게 좋아요.

김지혜 시간대를 정하는 것도 소비층과 관련이 있네요. 내 제품을 사는 사람들이 주로 10대인지 20대인지 3~40대인지를 잘 파악하고 거기에 맞춰 시간대를 정하는 게 중요하겠네요.

김정은 여러분들이 좀 더 쉽게 시간대를 정하고 싶다면 TV 홈쇼핑을 보면서 정보를 얻으면 돼요. 홈쇼핑 회사는 그 분석을 가장 열심히 해왔던 곳이잖아요. 매출 데이터를 기반으로 어느 시간대에 어떤 상품이 잘 팔리는지 알고 그 시간에 방송을 하죠. 데이터는 이미 홈쇼핑에 있기 때문에 잘 모르겠다 싶으면 홈쇼핑 편성표를 참고하면 좋아요.

김지혜 홈쇼핑에서 내 제품을 어느 시간대에 파는지 보면 적당한 시간을 알 수 있겠군요.

김정은 대충 알게 되겠지만 여기서 주의할 점이 있어요. 홈쇼핑은 TV고 라이브 커머스는 모바일이라 시청 패턴이 조금 다르거든요. 홈쇼핑의 경우 5~7시는 메인 시간대가 아니에요. 그런데 라이브 커머스의 경우 젊은 사람들이 퇴근길에 지하철에서 라이브 방송을 많이 보기 때문에 그 시간대에 시청률이 높죠.

`김지혜` 출근 시간은 안 되나요?

`김정은` 출근 시간에도 가능하긴 하지만 사람들의 마음이 그 시간엔 좀 급하잖아요. 그래서 라이브 방송을 봐도 결제로 이어지기가 어렵죠. 반면 퇴근 시간엔 상대적으로 여유가 있기 때문에 라이브 방송도 더 많이 보고 구매로 이어질 확률도 높아요.

`김지혜` 주말은 어떤가요?

`김정은` 주말엔 아무 때나 좋아요. 하고 싶을 때 하면 돼요. 그런데 사실 라이브 커머스는 주말보다는 오히려 평일에 더 잘 팔리죠. 주말엔 레저 활동을 하는 사람이 많지, 이날까지 스마트폰을 잡고 쇼핑을 하는 사람은 그리 많지 않거든요. 반면 TV 홈쇼핑은 토요일과 일요일 모두 프라임 타임이잖아요. 레저 활동이나 여행을 하지 않는 사람은 대부분 집에서 TV를 시청하기 때문에 목표도 두 배로 잡죠. 홈쇼핑에서 가장 싸게 사는 법, 혜택을 가장 많이 받는 법은 주말에 구입하는 거예요. 금요일까지 일상적인 혜택을 줬다면 주말에 모든 혜택을 쏟아내거든요.

김지혜 방송의 주기는 어느 정도가 적당한가요?

김정은 퀄리티 높은 방송을 지향하는 업체의 경우 특집처럼 한 달에 한 번 방송하더라고요. 그렇게 한 번씩 확실하게 세일하는 방송을 하겠다는 사람들도 있고 매일매일 꾸준히 하는 사람들도 있죠. 후자의 경우 평상시에는 가격을 올리거나 구매 불가로 표시하고 라이브 방송을 할 때만 조금씩 할인하면서 하루에 한 번 제대로 손님을 끌겠다는 생각인 거고요. 주기는 자신의 목적에 맞게 설정하면 돼요. 연세생활건강은 매주 목요일 7시로 방송 시간을 잡았는데, 그런 식으로 자기 나름대로 시간을 정해놓고 해도 되죠.

▶ LIVE 전체 시나리오 구성하기

김지혜 처음 방송하는 분들의 경우 대본 없이 그냥 말하긴 어렵 잖아요. 어느 정도 대본을 써놓고 오프닝은 어떻게 시작해서 중간 에는 뭘 하고 클로징은 이렇게 마무리해야겠다는 전체적인 흐름이 들어간 시나리오를 만들어놓고 하는 것이 도움이 될 것 같은데요. 이러한 시나리오는 어떻게 구성하면 좋을까요?

김정은 매출 극대화를 위한 방송인지 홍보 방송인지에 따라 내용 은 다소 달라지겠지만 일단 기본 시나리오는 오프닝, 프로모션 및 이벤트 안내, 진행, 클로징 순으로 구성하면 돼요. 일반적으로 쇼 호스트는 대본이 따로 없지만 처음 방송을 하는 사람이라면 미리 구체적인 시나리오를 써놓고 연습하는 것이 도움이 될 거예요. 라 이브 커머스에서 효율을 가장 높이는 순서는 오프닝 때 먼저 자기 소개를 하고 댓글 인사를 한 후 상품의 장점이나 무료 배송, 2+1, 1+1, 50퍼센트 반값 할인과 같은 혜택을 소개하는 거죠. 프로모션 은 빨리 얘기할수록 좋거든요. 그리고 나서 상품에 대한 설명을 하 는데 설명 중간중간마다 프로모션을 다시 한번 강조하는 것도 필 요해요. 반드시 시연을 해줘야 하고요.

김지혜 오프닝은 구체적으로 어떻게 시작하는 게 좋을까요?

김정은 우선 인사를 하고 자기소개를 하세요. 상품을 소개하는 사람이 누군지는 알아야 하잖아요. 이름이나 활동명을 알려주고 셀럽이 함께 한다면 셀럽 소개를 해주면 좋아요. 만약 홈쇼핑 경력이 도움이 되는 상품이라면 그 얘길 해주는 것도 괜찮아요. 예를 들어 "안녕하세요. 현대홈쇼핑에서 17년 동안 활동한 김정은이에요."라고 하면서 시작하는 거죠. 만약 분위기가 화기애애하고 활기찬 곳이라면 "저는 여신 김정은이에요! 아시죠? 아! 뷰티풀 여신이 아니고 여행의 신, 그 여신이랍니다." 아니면 "북한의 김정은 아니고요, 남한 김정은입니다." 이렇게 즐겁게 시작해도 좋아요. 그다음엔 어색하고 서먹한 분위기를 화기애애하게 바꾸기 위해 아이스 브레이킹을 해요. 실시간 댓글 창을 적극 활용해서 인사를 나누고 소통하는 거죠. 처음에는 사람들도 쑥스러워서 댓글은 보지만 잘 쓰진 않아요. 그럴 때 "○○님 오셨어요? ○○님 어서 오세요. 재미있는 방송으로 오늘 함께 할게요." 하면서 아이디나 이름을 불러주면 마음이 조금씩 풀어져서 댓글을 쓰게 되더라고요. 이런 식으로 댓글 참여를 유도하거나 현재 접속자가 몇 명인지 알려주면서 분위기를 부드럽게 만들어가면 돼요. 그리고 오늘 함께할 브랜드의 상품을 간단히 소개해요. 예를 들어 "요즘 한창 여행 시즌인데 긴 여행을 잘 못 가잖아요. 그래서 오늘 보여드릴 건 큰 캐리어가 아니고 배낭이에요." 이런 얘길 해주면 시청자들이 아, 오늘은 그런 거 하는구나 하고 힌트를 얻게 되겠죠. 뒤에 물건이 있다면 이렇게 많은 걸 준비했다고 살짝 보여줘도 좋고요. 오프닝에선 호감도를 살짝 올리면서 상품에 대한 약간의 힌트를 주는 거예요.

김지혜 그렇게 오프닝이 끝났어요. 그럼 바로 프로모션이나 이벤트를 안내하면 되나요?

김정은 이벤트나 프로모션, 세일 등은 앞부분에 빨리 얘기해 줘야 해요. 좋은 건 아끼지 말고 빨리 공개해야 계속 시청하는 사람도 늘고 구매율도 높아지거든요. "저희가 오늘은 아무것도 안 사도 ○○명에게 커피 쏘겠습니다." 하고 얘기하면 살 마음이 별로 없더라도 보게 되죠. 이것도 다 미끼 작전이에요. 아무리 방송 진행을 잘해도 시청자가 보지 않으면 의미가 없잖아요. 시청자들을 붙잡기 위해선 초반에 "라이브 중에만 40퍼센트 할인, 두 개 구입 시 한 개 추가 증정, 라이브 방송 중 퀴즈 댓글 이벤트, 추첨 후 아메리카노 증정, 쇼핑 왕 이벤트 선물, 오늘까지만 이 가격, 라이브 방송 딱 한 시간만 이 가격" 등 오늘 진행하는 이벤트가 있으면 확실하게 안내를 해줘야 하죠. 내 상품을 아무도 모를 것 같지만 숨은 팬들이 있

을 수도 있고, 그 상품을 이미 사서 사용해 봤던 사람이 라이브 때
는 혜택이 더 좋을까 싶어 궁금해 찾아오는 경우도 있을 수 있기 때
문에 그런 사람들을 잡기 위해서는 초반 홍보가 반드시 필요해요.
그럼 살 사람은 알아서 사고 안 살 사람은 뒤에 나오는 이벤트라도
기다리면서 방송을 보게 되는 거죠.

김지혜 앞서 말씀하신 대로 프로모션과 이벤트에 대한 간단한 소개가 끝났어요. 이후의 방송은 어떻게 진행되나요?

김정은 우선은 제품의 소구포인트를 정리해서 확실하게 머릿속에 담아야 해요. 그래야 내가 이 제품의 전문가라는 확신을 가지고 진행할 수 있죠. 이벤트 안내가 끝나면 처음에 상품의 장점을 얘기하고 구체적인 상품 소개로 넘어가요. 상품을 설명하는 중간중간 앞서 얘기했던 장점을 다시 한번 반복해 주는 것이 필요하고, 실시간 댓글을 활용해서 즉흥적으로 시청자나 소비자가 원하는 것들을 보여주거나 그들의 말에 리액션을 해주는 것이 중요해요. 예를 들면 내부 시연이나 사이즈 선택 기준, 크기 비교 등이 있겠죠. 판매와 관련된 것만이 아니라 상품과 연계된 꿀팁이 있다면 함께 얘기해 주는 것도 좋아요. 화장품이라면 뷰티 꿀팁 혹은 동안 비법을 얘기해 주는 것이죠. 댓글을 유도하거나 퀴즈 이벤트 등을 통해 참여율을 높이고, 시청자들이 궁금한 것을 질문하면 대답도 하면서 진행을 하는데요. 댓글을 읽어줄 때는 패드나 스마트폰, 탭 등의 기기를 활용하는 것이 좋아요. 판매하는 브랜드가 상을 받았다면 그 내용

을 POP로 만들거나 스토리로 짜서 소개하는 게 좋고요. 말을 할 때
는 표준어 사용을 기본으로 하되 요즘 유행하는 인터넷 언어라면
사용해도 괜찮아요. 계속 똑같은 수식어는 지루하니 다양한 표현
에 대한 고민과 연습이 필요하겠고요. 오프닝 때에는 이런 얘길 해
야지, 상품 설명할 때는 이런 걸 해야지, 이벤트는 가장 중요하니까
피켓을 만들어야지, 하는 걸 미리 계획하고 정리해서 시나리오로
구성을 해야 해요. 경력이 많은 사람은 시나리오 없이도 잘하지만
처음 하는 사람들은 시나리오를 적어놔도 갑자기 머릿속이 하얘지
면서 이다음엔 뭘 해야 할지 모르게 되니까 도화지에 대략적인 순
서나 중요한 사항을 적어서 앞에 붙여놓고 하는 게 좋아요.

김지혜 맞아요. 미리 준비를 해놓지 않고 진행하게 되면 계속 상품 설명만 하고 가장 중요한 프로모션은 빼먹을 수도 있겠죠. 방송 시간 다 끝나가는데 그제야 생각나 얘기하면 안 되잖아요. 도화지라도 이용해 보고하면 좋겠네요.

김정은 도화지에 적어서 붙여놔도 좋고 메모장에 적은 걸 살짝 보면서 해도 좋아요. 앞에 카메라가 있기 때문에 계속 다른 곳을 보면 커닝하는 게 보이니까 정면에 칠판 같은 걸 놔두고 중요한 내용을 적어놓는 것도 괜찮고요.

김지혜 총 한 시간 방송이라고 했을 때 오프닝부터 클로징까지 시간 배분을 어느 정도로 하는 게 적당할까요?

김정은 우선 오프닝은 너무 길게 하면 안 돼요. 초반 오프닝 시간을 많이 잡아놓으면 인사와 자기소개 외에 더 할 말이 잘 생각나지 않아서 그다음엔 뭘 해야 할지 모르게 되거든요. 말을 잘 못하는 분이라면 더 힘들 거고요. 대략 5분 내외를 오프닝에 할애하는데, 만약 사람이 별로 없다면 그것보다 더 빨리 끝내도 상관없어요. 한 2분 정도로 끝내고 바로 프로모션 안내로 들어가도 괜찮죠. 간략하게 자기소개를 하고 댓글을 남긴 사람이나 처음 들어온 분에게 인사를 하는 정도면 충분해요. 초반에 댓글이 좀 올라오다 뜸해지게 되는데요. 그럼 더 이상 인사할 사람이 없다는 거예요. 그때부터 설명을 시작하면 되죠. 소통 방송을 하는 경우 시청자 한 명 한 명 모두와 소통을 하기 때문에 오프닝이 길지만, 상품 판매가 목적이라면 주인공인 상품에 시간을 더 할애해야겠죠.

김지혜 오프닝을 5분 내외로 끝내고 바로 프로모션 안내에 들어가면 되나요?

김정은 네. 바로 프로모션이나 이벤트를 안내해 주세요. 좋은 혜택을 소개하는 거라 자신감도 생기고 그러면서 입도 좀 풀릴 거예요. 오히려 프로모션을 안내하면서 오프닝을 같이 해도 상관없어요. 예를 들어 방송에 들어갔는데 시청자가 세 명 정도에 그 세 명도 댓글을 달지 않는다면 바로 프로모션을 얘기하면서 인사를 해도 좋죠. 그리고도 계속 사람이 없으면 차라리 프로모션을 여러 번 얘기하는 것도 방법이고요. 하다 보면 상황에 맞춰 대응하는 노하우가 생길 거예요.

김지혜 시청자 수에 따라 적절히 대응하면 되겠네요.

김정은 지금 몇 명이 들어왔는지 실시간으로 다 보이잖아요. 만약 한 명이 들어와 있으면 그 사람도 민망할 수 있거든요. 어색하지 않게 둘이 대화를 나누세요. 전에 "나가지 마세요. 저 오늘 방송이 처음이거든요. 저랑 얘기 좀 나눠주세요." 그렇게 말하는 사람을 본 적도 있어요. 그립 방송에서도 재미있는 경우가 있었죠. 새벽 1시쯤에 어떤 아저씨가 기타를 치면서 노래를 한 곡 하겠다고 그러더라고요. 그러곤 본인 휴대폰 번호를 띄어놓고 "도와주세요. 저 커피 쿠폰 하나만 보내주세요."라는 거예요. 반대로 시청자들이 진행자에게 쿠폰을 보내줬죠. 마치 거리에서 버스킹을 하듯 노래를 부르고 돈 대신 커피 쿠폰을 받는 거였어요. 그런 식으로 방송을 활용하는 분도 있더라고요.

김지혜 상품에 대한 설명을 하면서 중간에 프로모션에 대한 소개도 하라고 했는데요. 프로모션은 몇 번 정도 넣는 게 좋을까요?

김정은 40퍼센트 정도의 할인 같은 평소보다 훨씬 저렴한 혜택이 있다면 자주 들어가야 해요. 그게 상품의 소구포인트이니까요. 예를 들어 제가 방송했던 멜론의 경우 백화점에서 4만 원에 판매하는 걸 여기선 만 5천 원에 판단 말이에요. 그럼 대놓고 말은 못 하지만 얼마인지 한번 검색해 보시라고 안내를 해야겠죠. 할인이 40퍼센트다, 50퍼센트다, 이런 건 잊어버릴만하면 또 얘기해서 환기를 시켜주는 것이 좋아요. 네이버 쇼핑라이브와 같은 쇼핑 전문 라이브

커머스 채널들은 진행자 쪽에서 댓글을 다는 칸이 있는데요. 그 댓글 창에도 오늘의 혜택 등 포인트가 될만한 것들을 자주 노출시켜 주세요. 혼자 댓글까지 쓰긴 어려우니 "오늘은 할인이 40퍼센트네요?" 등의 글을 중간중간 써줄 스텝이 있으면 더 좋겠죠. 지인에게 댓글로 소구포인트를 계속 언급해달라고 부탁할 수도 있겠고요.

김지혜 가능하다면 시청자들의 질문에 답을 달아주는 관리자 한 명을 두는 게 좋고, 좀 더 여유가 된다면 댓글을 통해 질문사항을 올려주는 지인까지도 동원하면 좋겠네요.

김정은 처음 하는 분들은 혼자 모든 걸 하기가 어렵기 때문에 큰 도움이 되죠. 스텝이나 지인이 올린 댓글을 보고 본인도 잊어버리고 있었던 걸 기억해내 안내할 수도 있고요. 부끄러워서 사람들에게 얘기를 하지 않는 분도 있는데요. 라이브 커머스 자체가 홍보기 때문에 절대 부끄러워하면 안 돼요. 지인들에게 방송을 한다고 얘길 해야죠. 혼자 몰래 해봐야겠다고 생각하면 상품도 안 나가요. 상품을 알리고 하나라도 더 팔아야겠다는 각오로 해야 나가지 부끄럽단 생각으로 몰래 하면 잘나가는 상품도 안 나가죠. 부끄러워하지 마시고 나 오늘 방송하니까 좀 봐달라고, 그리고 주변에 살 사람들 있으면 추천도 좀 해달라고 얘기하세요.

김지혜 시연이 가능한 상품은 어떤 식으로 보여주는 게 좋을까요?

김정은 판매하는 것이 음식이라면 먹는 게 시연이고, 에어프라이어와 같은 주방가전이라면 요리하는 게 시연이고, 세제라면 세척력을 보여주는 게 시연이고, 패션의류나 신발이라면 직접 입어보고 신어보는 게 시연인데요. 시연이 필요한 상품은 최대한 리얼하게 보여주는 게 좋아요. 내 상품을 가장 효과적으로 보여줄 수 있는 방법이 무엇인지 고민해 보고, 그 방법을 통해 상품을 사용하는 모습은 무조건 리얼하게 보여줘야 해요.

김지혜 건강기능식품 같은 경우도 직접 먹는 게 좋은가요?

김정은 먹을 수 있는 건 직접 먹어야죠. 건강기능식품은 개봉이 쉬운 걸 소구포인트로 내세우는 제품이 많은데, 그런 경우라면 빨리 여는 것도 보여줘야 하고요. 직접 먹지는 않고 약의 크기만 보여주는 경우도 있어요. 예를 들어 눈 영양제 방송을 하는데 이게 아이들 용이라면 작은 크기를 강조하면서 보여주는 거죠. "요즘 아이들은 스마트폰을 많이 보기 때문에 눈 건강이 무엇보다 중요해졌는

데요. 좋다는 영양제를 먹이려고 해도 크기가 너무 커서 못 넘기는 아이들이 있죠. 이건 크기가 작아서 초등학생도 쉽게 넘길 수 있어요." 하며 약을 보여주는 것도 다 시연이에요. 이렇게 보여줄 수 있는데 계속 영양제에 대한 설명만 한다면 상세 설명 읽어보는 거랑 똑같잖아요. 라이브 커머스는 살아 움직이는 방송이기 때문에 상품을 생생하게 보여줘야 해요.

김지혜 맞아요. 제 교재를 방송할 때도 앱을 이용해 더빙하는 걸 시연을 통해 모두 보여줬죠.

김정은 교재 같은 것도 직접 시연하지 않고 자료 화면으로만 나가면 사람들이 어려워해요. 실시간으로 봐야 아, 저렇게 하는 거구나 하고 나도 따라 할 수 있겠다고 생각하죠. 라이브 커머스를 할 때는 무조건 시연을 해서 리얼하게 보여주는 게 중요해요. 제가 얼마 전에 중소기업을 대상으로 한 강의에 나갔을 때 뜨개질 키트와 봉제 인형 키트를 판매하는 업체 관계자와 만났는데요. 그 회사의 키트는 만드는 방법이 동영상으로 다 나와 있어 그것만 보면 된다는 거예요. 동영상에서 충분히 설명이 된다고는 하지만 그런 식으로 편집된 영상보다는 한 장면이라도 본인이 실제로 하는 모습을 보여주는 것이 더 좋다고 생각해요. 그래야 사람들이 따라 하고 싶은 마음이 들지, 동영상만 떡하니 있으면 때론 클릭조차 하고 싶은 생각이 안 들거든요. 밀키트도 보면 요리법이 다 나와 있지만 그걸 그대로 설명해 주는 것과 실제 포장지를 뜯어서 안에 있는 재료들을 보여주고 가스불을 켜서 조리하는 걸 시연해 주는 것엔 정말 큰 차이가 있잖아요. 생생한 시연은 글이나 동영상으로 보는 것과는 분명한 차이점이 있어요.

김지혜   책은 어떤 방법으로 시연하면 좋을까요?

김정은   예를 들어 이 책을 방송에서 판매한다면 책에 소개된 라이브 커머스의 장점을 얘기해 주는 거죠. 그림이나 목차를 보여주면서 이렇게 상세하게 설명이 되어있다는 걸 알려주고요. 그럼 사람들이 보면서 "저 책에 지금 말하는 내용이 다 들어있나? 저 책만 있으면 나도 쉽게 라이브 방송을 해볼 수 있을 것 같은데?" 하고 생각하면서 책을 구입하게 되죠. 마찬가지로 테마별로 책 방송을 할 때

도 사람들이 그 책을 사서 읽고 싶게 만들만한 부분을 얘기해 주는 게 중요해요. 소구포인트를 잘 찾아서 그 부분을 강조해 주고요. 잘 파는 사람들은 그런 걸 기가 막히게 캐치해 내죠. 제가 얘기한 모든 항목에 노력을 기울여도 안 된다면 그건 상품에 문제가 있는 거라 품목을 바꾸던가 브랜드 이미지를 재고하는 수밖에 없어요. 참존도 브랜드가 올드한 느낌이라 화장품 판매가 부진해지자 톤업핏 마스크를 만들어서 대대적으로 투자를 했는데요. 유명한 연예인들이 이 마스크를 쓰고 나오면서 굉장히 핫해졌죠. 그런 식으로 올드한 브랜드라면 새로운 사업 분야를 개발하거나 요즘에 나온 것처럼 이름을 살짝 바꾸는 것도 방법이에요.

김지혜 마지막으로 어떤 식으로 클로징 하며 정리해 주는 게 좋을까요?

김정은 제일 좋은 클로징 방법은 오늘 가장 인기가 많았던 상품이 뭐였는지 한 번 더 얘기해 주는 거예요. 예를 들어 1+1 상품이 제일 잘나갔을 수도 있고, 의외로 두 개 사는 것이 훨씬 저렴함에도 불구하고 한 개짜리 상품이 더 잘 나갔을 수도 있거든요. 후자의 경우라면 그날은 한 개짜리 상품이 잘나가는 날인 거예요. 해당 상품을 강조하면서 마지막으로 선택을 고민하는 시청자들에게 확신을 주는 게 좋아요. 그리고 나서 혜택 위주로 한 번 더 정리를 해주면서 구매 유도를 하는 거죠. 그걸 놓치는 사람이 많은데, 방송을 끝까지 보는 사람은 상품에 관심이 있는 사람들이기 때문에 그분들도 사게끔 마지막까지 구매를 유도할 수 있는 마무리 멘트가 필요해요.

김지혜 살까 말까 고민하는 사람들을 위해서 마지막에 한 번 더 소구포인트를 강조해야겠네요.

김정은 이 상품을 사면 왜 좋은지 한 번 더 짚어주고, 오늘만 1+1 이나 무료 배송이라면 그런 혜택도 얘기해 주세요. 내일부터 이런 혜택이 없다고 하면 오늘 꼭 사야 할 것 같잖아요. 오늘 이 순간이 아니면 안 되는 걸 알려주고 오늘 방송의 진행 느낌을 솔직하게 전달하세요. 댓글을 읽어주거나 자유로운 Q&A 시간을 가지며 마지막까지 소통하면서 마무리하고요.

김지혜 스토어 찜을 클릭해 놓으면 다음 방송 때 알람이 뜨잖아요. 그런 얘기도 하면 좋겠고, 또 이렇게 저렴하게 찾아올 테니 그때 다시 들어와 달란 멘트도 덧붙이면 좋을 것 같아요.

김정은 맞아요. 다음 방송 예고와 함께 스토어 찜, 알람 신청을 해주시면 앞으로도 계속 함께할 수 있으니 많이 놀러 와달라는 멘트도 해줘야겠죠. 소중한 시청자 한 분 한 분을 내 고객으로 만들려면 관리에 들어가야 하잖아요. 방송 중간에 이벤트를 했다면 당첨자 발표와 관련된 사항도 정확하게 고지해 주고요. 당첨자가 누락되어 항의가 들어오는 일이 없도록 당첨 여부를 꼼꼼하게 정리해야겠죠? 안내를 마치고 감사 인사와 함께 브랜드 홍보를 한 번 더하고 마무리 지으면 될 것 같아요. 구매 가능한 링크는 끝까지 댓글창을 통해 홍보해 주고요.

선배의 조언이
필요해요

실력 향상을 위한 트레이닝 방안이 있을까요?

김지혜 홈쇼핑 회사에 입사하면 쇼핑호스트를 대상으로 하는 트레이닝을 받게 되나요?

김정은 신입 직원으로 채용되었다고 해서 바로 방송을 할 수는 없잖아요. 우선은 1년 정도 인턴 과정을 거치는데요. 그 기간에는 교육을 받으면서 방송을 하게 되죠. 식품이나 패션잡화 등 각 상품군에서 경력이 많은 쇼호스트에게 교육을 받고 PT를 통해 실전 연습을 해보기도 하고요. 아카데미보다 좀 더 수준 높으며 실질적인 수업을 받는 것이죠. 인턴 과정 중에는 그런 식으로 교육을 받는 동시에 실제 방송에도 투입이 되고 있어요. 물론 홈쇼핑 방송사마다 차이는 있지만 보통 이렇게 1년 정도 방송을 하고 계약을 하는 경우가 많아요.

김지혜 선배들이 가르쳐주는 방식이네요.

김정은 회사마다 조금씩 다른데 저희는 선배들이 교육을 진행했어요. 현대홈쇼핑의 경우 PD, MD, 쇼호스트, 마케팅팀까지 돌아가면서 신입 교육을 하고 또 방송 심의 교육까지 하고 있죠. 회사마다 특징적인 교육이 있고 입사 후엔 그 교육을 통해 회사가 원하는 방향으로 나아간다고 보면 돼요. 그렇지만 나중에 보면 대충 쉬운 길로 가는 사람도 있고, 정말 열심히 하는 사람도 있어요. 어떤 쇼호스트는 무슨 상품인지도 모르고 와서 급하게 진행하는 경우도 있고, 또 어떤 쇼호스트는 진짜로 상품과 사랑에 빠져 연구하고 써보며 자기 얘기를 하는 경우도 있고요. 일반 회사원과 똑같아요. 회사원 중에도 마치 자기 회사처럼 시키지 않은 일까지 열심히 하는 사람이 있는가 하면 맡은 일도 대충 하고 퇴근은 제일 빨리하는 사람도 있잖아요.

김지혜 홈쇼핑이라면 실적이 매출로 딱 드러날 텐데요.

김정은 실제로 그렇게 드러나는 경우도 있지만 상품의 인기가 많아 매출이 잘 나올 수밖에 없는 상품은 진행자의 태도나 준비 여부와 상관없이 실적이 좋은 경우도 종종 있어요. 상품운이라고도 하죠.

김지혜 그렇네요. 어찌 됐든 팔리는 상품은 잘 팔리니까요.

김정은 단순 매출로만 비교를 하면, 상품 배정이 공부보다 더 중요할 때가 있어요. 삼성 같은 대기업 제품이나 특별세일전에 배정을 받아서 방송하는 경우와 중소기업 상품 론칭에 배정을 받는 경우를 살펴보면, 중소기업 상품의 경우 고심해서 소구포인트를 잡아 방송을 잘해도 삼성 노트북이 십만 원 할인한다고 하면 게임 끝나는 거예요. 물론, 이런 경우는 있어요. 중소기업 상품이든 대기업 특별전이든 어떤 상황에서도 소구포인트를 정말 잘 잡는 쇼호스트가 방송을 하면 결과가 위와는 다르게 나타나죠. 그래서 잘하는 쇼호스트를 선호하는 거고요. 대기업이 라이브 커머스에 들어와서 잘되는 이유 중 하나가 뭔지 아세요? 홈쇼핑에 마진으로 주던 비용만큼 고객들에게 할인해 줄 수 있으니 사람들이 좋아하는 거예요. 그에 비해 중소기업의 경우 인지도는 낮고 큰 폭의 가격 할인은 없으니 다소 어려운 상황이죠. 그래도 TV 홈쇼핑에는 들어갈 수도 없었지만 라이브 커머스에선 방송이 가능하잖아요. 길은 열린 거죠.

김지혜 맞아요. 그전에는 갈 수 있는 길이 아예 없었잖아요. 방송은 꿈도 못 꿨죠.

김정은 라이브 커머스를 통해 조금씩 입소문이 나고 그게 쌓이면 여러분도 성공할 수 있어요. 하지만 처음부터 되는 일은 아니에요. 제가 라이브 커머스를 하는 분들에게 늘 하는 얘기가 방송을 통해 시장을 넓힌다고 생각하라는 거예요. 어떤 사람은 방송만 하면 대박 날 줄 알았는데 그게 아니라 너무 실망했다고 하는데요. 그렇게 생각하지 마세요. TV 홈쇼핑으로 물건을 구매하는 사람들은 늘 그렇게 TV로 사지 스마트폰으론 잘 구입하지 않아요. 어르신들은 어떻게 사는지도 잘 모르고 로그인 자체도 힘들어하시죠. 회원가입을 해드려도 로그인할 때마다 비밀번호를 모른다고 하시고요. 우리도 잘 잊어버리니까 적어놓거나 비밀번호 찾기 기능을 이용하잖아요. 그런데 그런 기능을 이용하는 것도 어르신들은 어렵거든요. 그러니 홈쇼핑 하던 사람들은 늘 전화로, 인터넷 쇼핑하던 사람들은 늘 검색으로 사는 거예요. 그런 와중에 라이브 커머스가 쇼핑 정보도 주고 재미도 주니까 관심을 가지는 사람들이 조금씩 늘어나고 있어요. 오프라인 매장을 운영하던 사람들이 기존 고객 관리는 그대로 하면서 온라인 고객을 조금씩 더 확보해 나가는 방향으로 라이브 방송을 이용하기도 하고요. 그런 식으로 파이를 넓혀가는 거예요. 오프라인에서는 이만큼 매출이 나오는데, 이건 그만큼 안 나온다고 불평하는 사람이 있는데요. 아무것도 없이 시작한 데서 이만큼이 어디냐는 생각으로 계속 도전해야 해요. 온라인은 처음이잖아요. 처음 했으니 아직은 노하우가 생기지 않은 거고요. 라이브 커머스를 통해 파이를 늘려간다는 생각으로 접근하세요. 라이브 커머스의 세상이 왔는데 혼자 뒤떨어질 순 없잖아요. 이제는 안 하면 아직도 안 하냐는 소리밖에 못 들어요. 해보고 나서 나와는 맞지 않는다, 여기 말고 다른 곳에 투자해 보겠다는 판단을 내리는 건 상관없어요. 하지만 시도도 해보지 않고 포기하지는 마세요. 우린 늘 안 해본 것들에 미련을 느끼잖아요. 그런 미련을 남기지 말자고요.

내 방송을 어떤 식으로 알리면 좋을까요?

김지혜 내 방송을 어떤 식으로 알리면 좋을까요?

김정은 라이브 커머스 시장에 들어오는 순간 여러분은 자기를 알리기 위한 홍보 마케팅에 들어가는 거예요. 네이버 쇼핑라이브의 경우 예고편 만들기가 가능하니 네이버를 이용한다면 해당 기능을 이용해 예고편을 만들고 링크를 보내면 돼요. 일단은 소규모로 시작을 하는데, 카톡으로 가족이나 친구들에게 링크를 보내는 거예요. 다른 친구들한테도 보내달라고 부탁하는 것 잊지 말고요. 그럼 그 친구가 다른 친구한테 보낼 거고, 그 친구는 또 다른 친구나 가족들에게 보내겠죠. 처음에는 그렇게 다 지인들로 시작해요. 그런 분들은 중간에 나가지 않고 내 방송을 끝까지 열심히 봐주니 첫 방송일수록 가족이나 지인을 활용하는 게 좋죠. 구매도 한번 해보라고 하세요. 생방송이기 때문에 결제가 잘 되는지 테스트를 해봐야 하니까요. 그다음에 할 때는 SNS를 열심히 하는 사람이라면 인스타그램에 노출을 하고, 블로그를 하는 사람이라면 네이버에 노출하세요. 가입한 카페가 있으면 카페에, 지인들이 많으면 지인들에게도 알리는 등 가능한 여러 채널을 통해 홍보를 하는 것이 좋아

요. 일단은 알려야 한두 명에게라도 더 소문이 나니까요. 지나가는 사람들이 우연히 오프라인 매장에 들어오는 것처럼 온라인에서도 SNS에 들어오는 사람들이 한 번씩 클릭하게 만들어야 하니까 그런 홍보를 열심히 해야 하죠. 좀 더 대대적으로 알리고 싶다면 홍보 마케팅 업체를 통해서 검색어를 건다든지 인플루언서 광고 홍보를 하는 방법을 시도해 볼 수 있고요.

청담 미르때 박혜정 원장님과
현대홈쇼핑 출신 김정은 쇼호스트님의 진행

LIVE 2021. 1. 11 화요일 밤8시

김지혜 방송 전 예고에는 어떤 내용이 들어가나요?

김정은 예고를 하고 싶다면 예고 페이지에 올릴 프로모션이나 이벤트에 대해 미리 준비해야 하겠죠. 방송 날짜와 시간을 정하고 예고 페이지를 걸면 방송 링크가 나오는데, 그 링크를 아까 얘기한 가족이나 지인들에게 뿌리는 거예요.

김지혜 방송 후에도 다시 보기가 가능한가요?

김정은 네. 방송 후에도 계속 채널에 떠 있고, 네이버에 검색하면 다 나오기 때문에 다시 보기가 가능하죠. 방송 이후에도 원하면 주문이 가능하고요. 그렇지만 라이브 방송 중의 가격과는 다른 가격으로 구매해야겠죠. 만약 매진이 되어서 방송 중에만 가격을 노출하고 싶다면 그렇게 조정하면 되고요. 앞서 얘기한 병원에서도 판매하는 화장품 브랜드의 경우 병원에서는 상시 판매를 해야 하는데 계속 라이브 방송 가격으로 팔게 두면 협력업체와 트러블이 발생할 수 있잖아요. 그럴 때는 라이브 방송 중에만 그 가격으로 팔겠다고 조율을 하는 거예요. 그 라이브 방송이 특별전이 되는 거고 평상시에 구입을 원하는 사람은 병원에 가서 사는 거죠. 러뷰올 같은 경우는 백화점에서 판매를 하고 있으면서 방송도 하는데 라이브 커머스에선 파격적인 가격으로 진행하고 있어요. 본인들이 제작한 상품이기 때문에 온라인에선 평상시보다 더 좋은 혜택을 줄 수 있는 거죠. 그런 이유로 방송을 기다렸다 사는 사람도 있고 급하게 필요한 사람들은 백화점에 가서 사는 거예요. 러뷰올처럼 온라인과 오프라인을 잘 조율하면서 방송을 활용해 보세요.

이 직업에 필요한 능력과 적성은 뭐라고 보세요?

김지혜 이 직업에 필요한 능력과 적성은 뭐라고 보세요?

김정은 라이브 커머스는 말 그대로 라이브 방송이기 때문에 떨지 않고 대범하게 방송할 수 있는 사람이어야겠죠. 또한 방송 중에 마이크가 꺼지거나 불이 나가도 당황하지 않고 빨리 그 상황을 수습할 수 있는 순발력을 지닌 사람이면 훨씬 유리할 거예요. 매번 새로운 상황이 발생할 때마다 그 상황에 맞춰 대처할 수 있는 재치 있는 사람이어도 좋고요. 라이브 커머스를 가장 힘들어하는 사람이 누군 줄 아세요? 바로 노안이 시작된 사람이에요. 라이브 커머스의 가장 큰 특징이 소통인데 노안이 온 사람들은 댓글이 안 보여서 읽어줄 수가 없거든요. 그래서 누군가는 젊은 사람들에게 더 유리한 이유가 댓글이라고 하더라고요. 홈쇼핑에서 오랜 경력을 쌓은 대선배들도 가장 힘들어하는 게 잘 보이지도 않는 댓글을 읽어주는 일이라고 하니 틀린 말은 아니죠. 스마트폰 화면을 모니터로 미러링해서 글자를 크게 볼 수도 있지만 현장 상황에 따라 해당 기능이 안 되는 곳도 있고, 하더라도 와이파이 상태에 따라 가끔씩 댓글이 멈추는 경우도 있어요. 그러니 여분의 스마트폰이나 태블릿 PC 정도는 갖고 있는 게 좋고, 돌발 상황을 여유 있게 넘길 수 있는 순발력도 겸비해야겠죠? 반면 대본이 주어져야 하는 사람, 대본대로만 하는 사람은 이 일과 잘 맞지 않아요. 상품 소개만 달달 외워서 설명하는 것이 아니라 중간중간 시청자의 질문에 답하고 요구에 응해야 하기 때문에 그런 사람은 돌발 상황이 생기면 크게 당황해서 진행을 매끄럽게 이어가지 못하거든요.

김지혜 긴장하면 대부분 그렇게 되지 않나요?

김정은 제 생각엔 긴장과 상관없이 성격에 영향을 받는 것 같아요. 저는 어렸을 때부터 웅변대회에 나가는 걸 좋아했는데 내 생각을 말해야 잘했지, 누가 써준 걸 외워서 똑같이 읽으라고 하면 오히려 더 힘들었거든요. 저와 달리 기본 대본이 있고 뭐든지 다 적어놓고 그대로 해야 하는 사람이라면 쇼호스트보다는 오히려 아나운서와 같은 일이 잘 맞을 거라 생각해요. 처음에는 너무 떨려서 시나리오를 쓰고 대본을 쓴다고 해도 라이브 커머스의 특성상 그대로 진행되지 않는 데다, 나중엔 보통 대본 없이 진행을 하거든요. 라이브 방송에선 내가 생각했던 방향으로만 일이 흘러가지 않아요. 발생 가능한 모든 상황에서 능수능란하게 방송을 진행하려면 아무래도 녹화 방송에 길들어 있거나 대본대로만 하는 사람보단 생방송에 능하고 정해진 틀 없이 자유분방한 사람들이 훨씬 유리하겠죠.

김지혜 요즘 젊은 세대들과 더 잘 맞겠네요.

김정은 젊은 친구들과 잘 맞죠. 유튜버나 크리에이터만 봐도 요즘 세대가 얼마나 자유롭고 방송에 두려움이 없는지 알 수 있잖아요. 라이브 커머스로 물건을 구매하는 사람도 젊은 층이 많고요. 그들의 마음에 닿으려면 우선은 젊은 감각이 있어야 하고 철들지 않는 것도 중요하더라고요. 제가 지금 40대 중반이지만 필드에 나갔을 때는 20대 감성으로 어필해야 살아남을 수 있죠. 기존 매스컴이 정확하고 정중한 느낌이라면 라이브 커머스는 좀 더 자유분방하고 많은 걸 수용하는 입장이어야 해요. 전에는 이건 하면 안 돼, 이건 안 되라는 틀이 존재했다면, 이젠 그런 틀 없이 어떤 것도 받아들일 준비가 되어 있는 사람이 되어야 해요. 유재석 씨 같은 경우 자신은 평생 철들고 싶지 않다고 하는데요. 생각해 보면 바로 그게 젊게 사는 방법인 것 같아요. 즉, 젊은 감각을 갖고 새로운 것에 도전하는 것을 좋아하는 분들이라면 나이는 상관없겠죠?

김지혜 제 생각엔 평소에 좋은 물건이 있으면 주변 사람들에게 권하는 성격이 이 일과 잘 맞을 것 같아요. 제가 그런 성격이라 저한테 남는 것 하나 없어도 좋은 물건이 있으면 이거 정말 좋으니까 꼭 사라며 상품에 대해 열심히 설명하고 권하죠. 예전에 동대문에서 가방 장사를 하는 친구가 있었는데요. 도매로 판매하니 2~3만 원 정도밖에 하지 않아서 제가 한두 개씩 사서 들고 다니면 사람들이 예쁘다고 어디서 샀냐고 물어봤어요. 그럼 이게 원래는 얼마짜린데 지금은 2만 5천 원에 살 수 있다며 좋은 점을 쭉 얘기하죠. 그렇게 여자 성우들에게 시즌마다 100만 원 이상 어치를 팔았어요. 친구 물건이 좋아 대신 팔아준 건데 나중에는 가방 장사한다는 소문까지 날 정도였죠. 아무래도 저 같은 성격이 쇼호스트나 물건 파는 일에 적합하지 않나 싶어요.

김정은 제가 현대홈쇼핑에서 근무할 때 사람들이 많이 궁금해했던 게 그렇게 열심히 해서 많이 팔리면 인센티브가 있냐는 거였어요. 회사에 소속된 쇼호스트의 경우 매출과 상관없이 기본적인 페이가 정해져 있기 때문에 매 방송 인센티브는 없어요. 물론 개인별, 계약별로 기본 페이는 모두 다르고요. 가끔 회사에서 포상을 한다든지 분기별로 매출 왕에게 상금을 주는 이벤트는 있죠. 또 매출이 좋으면 다음 해에 계약을 할 때 당연히 유리한 점은 있지만 매 방송 매출별 인센티브를 받진 않아요. 그런데도 사진까지 열심히 올리면서 홍보하는 모습을 누가 보면 인센티브 때문에 하는 줄 알더라고요. 말씀하신 대로 라이브 커머스는 저희 같은 성격의 사람들이 더 잘할 수 있는 일이죠.

김지혜 제가 봤을 때 라이브 커머스는 연기와 비슷한 측면이 있어요. 어쨌든 무언가를 표현하는 것이라 표현력이 좋아야 한다는 얘기예요. 내가 커피를 한 잔 마시고 다른 사람한테 이 커피가 얼마나 맛있는지 표현할 수 있어야 한단 거예요. 듣는 사람도 커피를 마시고 싶게끔 말이죠. 표현력이 무엇보다 중요한 요소 중 하나인데, 이 표현을 잘하기 위해선 상품에 대한 확신이 있어야 해요. 자신은 표현력이 좀 떨어진다고 하는 사람과 깊이 있게 얘길 나누며 실상을 들여다보면 그 사람에겐 이 제품이 정말 좋다는 확신이 부족하더라고요. 예를 들어 말로는 이거 진짜 맛있다고 하면서 한편으론 다른 사람들이 '이게 뭐가 맛있어? 별로네'라고 생각하지 않을까? 하고 내 생각에 대한 100퍼센트 확신을 하지 못하는 거죠. 일말의 의심이 있기 때문에 다른 사람에게 강하게 어필하기가 어려운 거라고 생각해요.

김정은 그런 이유로 사장이 직접 라이브 커머스를 하는 경우에는 확신을 가질 수 있는 제품으로 만들어서 판매를 해야 잘 되는 거예요. 하자가 있거나 이상한 제품을 만들어놓고 누가 컴플레인하면 어떡하나 하는 생각으로 방송하면 당연히 못할 수밖에 없죠.

김지혜 만약 누가 라이브 커머스를 하는데 제게 같이 진행해달라고 했어요. 그런데 이게 내가 먹어보지 않았거나 써보지 않은 상품이라면 정말 맛있는 건지 진짜 좋은 건지 알 수 없으니 말이 술술 나오지 않겠죠. 확신이 없는 상태에서는 왠지 거짓말을 하는 것 같아 방송이 잘되지 않을 것 같아요.

김정은 굉장히 중요한 얘기예요. 저는 TV 홈쇼핑의 쇼호스트 때부터 라이브 커머스의 쇼호스트를 하고 있는 지금까지 제가 사용해 보지 않은 제품은 절대 방송하지 않았어요. 제 철칙이죠. 안 써봤는데 써본 척 연기하지 않아요. 실제로 써봤을 때의 경험과 진솔한 느낌을 담아 방송을 하고 있죠. 진심은 통한다는 걸 아니까요. 업체의 대표라면 방송을 할 때는 제품에 대한 확신을 가지고 그 상품에 푹 빠져서 설명하는 것이 맞아요. 본인이 의심하면 시청자도 의혹을 느끼거든요. TV 홈쇼핑에 있을 때는 내가 하고 싶지 않은 상품이라 하더라도 배정받으면 방송을 해야 했는데요. 연차가 낮을 때는 메인 쇼호스트가 따로 있으니까 싫어도 아무 말도 못 하고 했었죠. 그러다 제가 메인 쇼호스트가 된 뒤로는 진짜 별로인 상품의 경우 보완점을 확인해 보고 그 얘기라도 하면서 방송을 진행했어요. 그러다 지금 라이브 커머스의 쇼호스트가 된 이후로는 내가 사용해 보고 아니다 싶은 것, 알리고 싶지 않은 것들은 거절할 수 있게 되었죠.

김지혜 좋은 제품만 골라서 할 수 있는 거죠.

김정은 그러니 라이브 커머스에 빠질 수밖에 없고 좋아할 수밖에 없어요. 사람들이 어떻게 한 시간 동안 말이 끊기지 않냐고 놀라는데요. 앞에 예를 든 커피 하나도 뜨겁게도 마셔보고, 미지근하게도 마셔보고, 차갑게도 마셔보고, 머그컵에도 마셔보고, 텀블러에도 마셔보고 등등 정말 다양하게 제가 실제로 경험했던 일을 얘기하는 거라 말하다 보면 시간이 금방 가요. 저도 좋아하지 않아서 먹어 보지 않았거나 별로라 사용하지 않은 제품은 그렇게 길고 자세하게 말할 수 없어요. 좋아하는 제품, 정말 괜찮은 제품이라야 계속해서 사용하게 되니 그 경험을 다양하게 풀어 놓을 수 있는 것이죠.

김지혜 연기 역시 같은 맥락에서 얘기할 수 있어요. 예를 들어 제가 어떤 배역을 받아서 연기를 하는데 캐릭터에 확신이 들지 않으면 표현이 안 돼서 대사가 정확하게 나가지 않거든요. 연기를 제대로 하려면 그 배역을 100퍼센트 이해하고 공감해야 하죠. 그래야 확신에 차서 대사가 내 말로 나가게 되는 거예요. 어떻게 보면 표현은 이차적인 거란 생각이 들어요. 내가 진짜로 그 인물이 되어 느끼는 게 먼저고, 그렇게 동화되면 표현은 저절로 나오는 거죠. 그런 식으로 연기를 하다 보니 저 역시 표현을 많이 하는 사람이 되었는데요, 남편은 표현을 잘 안 하는 편이에요. 다른 사람이 다양한 표현을 동원해 설명하면 과장되었다고 생각하고, TV에 홈쇼핑만 나오면 거짓말이라며 채널을 돌리죠. 그럼 저는 거짓말이 아니라 저 사람들은 진짜로 써보고 느낀 걸 얘기하는 거라고 얘기해 주는데요. 쇼호스트가 그 많은 상품을 다 써볼 수가 있냐고 반문하더라고요.

김정은 물론 안 써보고 써본 것처럼 얘기하거나 제품에 대해 다 아는 척하는 사람도 있죠. 간혹 거짓말을 섞어서 하는 사람도 있고요. 그런데 저는 그런 건 시청자 눈에 다 보이고 결국엔 서로 간의 신뢰를 잃어버리게 만들 거라 생각해요. 고객들에게 중요한 건 상품의 질과 가격, 그리고 판매하는 사람, 셀러의 진심이에요. 중소기업이 대기업과 싸워 이기기는 쉽지 않잖아요. 그래서 소상공인 대표들에게 늘 하는 말이 이 상품이 좋은 이유를 구체적으로 말하란 거였어요. 그리고 시연을 통해 그 말을 증명하고요. 대기업은 가격에 광고비가 포함되어 있을 거 아니에요. 그럼 내 제품은 광고비가 없는 대신 거품을 빼고 좋은 품질에 가격까지 합리적이라고 강조하고요. 진실만 진심으로 전하면 돼요.

김지혜 홈쇼핑 같은 경우 자신이 만든 물건이 아니라 배정된 상품을 직업적으로 파는 것이라 보는 사람 입장에서는 거짓말처럼 느껴질 수 있어요. 하지만 라이브 커머스는 자신이 만들거나 선택한 제품을 직접 팔기 때문에 써보지도 않은 걸 써본 것처럼 거짓말하는 일은 없잖아요. 그러니 무엇보다 진심으로 하면 된다는 거죠.

김정은 라이브 커머스에 나올 상품은 진심으로 만들어야 하고, 그 진심을 또 잘 전달해야 해요.

김지혜 늘 대본을 봐야 하는 건 아니지만 처음 시작하는 사람들에겐 기본적인 시나리오가 필요하잖아요. 그럼 글 쓰는 능력도 중요할까요?

김정은 글 쓰는 능력보다는 말하는 능력이 훨씬 더 중요해요. 글은 진짜 짜임새 있게 잘 쓰지만 말만 하면 앞뒤가 안 맞는 사람이 있어요. 그런 사람보다는 글은 좀 못 쓰더라도 말을 잘하는 게 더 낫다는 거죠. 쓰는 연습보다는 차라리 계속 말하는 연습을 하세요. 대략적으로 오프닝 때는 이 얘기를 해야지, 중간에 장점을 설명할 때는 이 세 가지는 꼭 얘기해야지, 클로징 때는 우리 사이트 홍보도 해야지 하는 틀을 만들어놓고 살을 붙여가며 말하는 연습을 하는 거예요. 제품을 만드는 업체의 대표가 아니라 쇼호스트의 입장이라면 상품을 잘 모르기 때문에 방송 전까지 여러 가지 방법으로 계속 사용해 봐야 하고요. 이 정도면 대충 되겠지 하는 마음으로는 만든 이의 진심을 전달할 수 없겠죠. 상품을 써보고 자신을 먼저 설득해야 남도 설득할 수 있다는 걸 명심하세요.

김지혜 뭐든지 그렇지만 처음부터 잘하는 사람은 없어요. 초반엔 방송 좀 망칠 수도 있고 잘 못할 수도 있다고 생각하세요. 중요한 건 계속 연습하는 거예요. 거울을 보고 연습하는 것과 실전에서 라이브로 하는 건 완전히 달라서 연습을 많이 했다고 방송이 잘 되는 게 아니거든요. 실전도 여러 번 해봐야 늘죠. 처음 서너 번은 연습이라고 생각하고 하다 보면 자신도 모르는 사이에 늘어있을 거예요. 처음엔 정말 못하던 사람들도 10회 정도 지나서 보면 대부분 잘하더라고요. 일단 연습을 많이 하고, 실전에 들어가서도 초반 서너 편은 망칠 수 있다는 생각으로 하는 거예요. 한두 번 했는데 적성에 안 맞는다고 포기하는 사람이 많은데 그러지 마세요. 처음엔 누구나 실수할 수 있어요. 그런 과정을 좀 견디고 계속 해나가다 보면 실수도 줄고 진행도 더 능숙해질 거예요.

김정은 그렇죠.

라이브커머스호스트를 꿈꾸는 학생이라면
어떤 준비를 하는 게 좋을까요?

김지혜 라이브커머스호스트를 꿈꾸는 학생이라면 어떤 준비를 하는 게 좋을까요?

김정은 좋은 방법 중 하나는 사물이나 주변을 보면서 얘기하는 연습을 해보는 거예요. 예를 들어 학교에 갈 때 버스나 지하철을 타고 간다면, 등교하면서 자신의 상황이나 주변 정황을 계속 설명하는 거죠. "제가 지금 버스를 타고 신촌에서 이대 쪽으로 가는 중인데요. 제 옆으로 현대백화점이 보이네요." 이렇게 일상생활 속에서 주변을 묘사하는 것이 별거 아닌 것 같지만 도움이 많이 되더라고요. 물론 주의해야 할 점은 혼자 막 중얼거리다 보면 주변에서 쳐다볼 수 있다는 거예요.^^ 그다음으로 이건 저의 시크릿 비법인데요. TV 홈쇼핑 화면을 켜놓고 내가 쇼호스트가 되어 TV에 나오는 제품을 설명해 보는 거예요. 대선배들에게 배운 방법이죠. 잘하는 사람의 방송을 필사하라는 선배도 있었는데 그 방법을 써도 좋고요.

김지혜 어디나 비슷하네요. 성우들도 처음엔 똑같이 모사하는 연습을 하죠. 저도 수업 시간에 학생들에게 많이 시켰고요. 눈을 감고 들으면 누군지 모를 정도로 똑같이 연습해오라고 했었죠. 그럼 정말 실력이 빨리 늘거든요.

김정은 제가 전에 아나운서와 쇼호스트 공채 준비할 때도 그랬고 말씀하신 연기도 그렇고 일단은 가장 잘하는 사람을 따라 해보는 게 필요해요. 그 사람이 말한 걸 글로 적어보기도 하고요. 그렇게 적어놓은 걸 보면 논리적인 문장도 있지만 문맥이 맞지 않는 문장도 있어요. 들었을 때는 잘 모르고 지나가는데 글로 써보면 알게 되죠. 적어놓은 글을 통해 어떻게 말해야 문맥에도 맞고 자연스러울지 고민해 봐야 하겠죠. 이 단계가 끝나면 아까 얘기한 대로 TV 화면을 켜놓은 상태에서 소리는 무음으로 해놓고 내가 쇼호스트가 되어보는 거예요. 쇼호스트가 꿈이라면 저 사람처럼 되고 싶다는 마음, 나만의 워너비가 있을 거라 생각해요. 그 사람의 방송을 보며 더빙 연습을 하면 더 좋겠죠. TV에서 오프닝을 하고 있으면 나도 "안녕하세요? 누굽니다." 하고, 상품을 보여주면 나도 상품을 보여주며 설명을 하는 거예요. 어떤 상품이 나오든 계속 연습을 하다 보면 실력이 쌓이겠죠. 이게 막상 하려면 굉장히 귀찮은 일이라 쉽지만은 않아요. 그렇지만 이런 연습을 하면 나중에 방송의 기회가 와서 무대에 섰을 때 분명 남들보다 훨씬 깊이가 있어질 거예요.

이 직업이 사람들 그리고 이 사회에
어떤 영향을 미칠까요?

김지혜 이 직업이 사람들 그리고 이 사회에 어떤 영향을 미칠까요?

김정은 예전에는 대통령이나 과학자, 의사를 꿈꾸는 학생이 많았다면 지금은 아이돌이나 유튜버를 꿈꾸는 친구들이 많죠. 라이브 커머스는 물건을 판매하는 채널이지만 그런 청소년들 입장에서는 자신을 홍보하는 수단이 될 수도 있어요. 이제는 인터넷을 활용하면 모두가 셀럽이 될 수 있는 시대가 되었잖아요. 요즘 친구들은 같은 의사여도 병원에서 진료하고 연구만 하는 의사보다는 유튜브 등을 통해 본인 홍보를 적극적으로 하는 의사에게 더 큰 관심을 갖더라고요. 라이브 커머스는 자신을 PR하는 수단이 될 수 있기 때문에 상품 판매 목적을 가진 사람 외에도 이를 이용하는 친구들은 점점 많아질 것이고 그들에게 좋은 창구가 될 거라 생각해요.

김지혜 취업난으로 인해 회사에 취직해서 월급을 받는 일이 점점 어려워지고 있는데요. 꼭 취업만이 답은 아니에요. 어딘가에 취직하지 않으면 돈을 전혀 벌 수 없을 거라 생각하는 사람이 있지만 그렇지 않거든요. 라이브 커머스를 활용해 일종의 창업을 한다면 취직하지 않아도 1인 기업을 운영하며 돈을 벌 수 있죠. 가게를 빌려서 임대료를 낼 필요도 없고요. 좋은 물건을 보는 눈만 있으면 스마트폰 하나로 상품을 팔면서 그 마진을 가져갈 수 있으니 취업 걱정이 많은 청소년들에게 희망적인 출구가 될 수 있을 거라 생각해요. 미래가 암울하기만 한 친구가 있다면 그들에게 이런 방법으로도 얼마든지 생활이 가능하다는 걸 알려주고 싶어요. 임대료 없이 가상의 공간에서 내 상품을 얼마든지 팔 수 있는 거잖아요. 공부를 잘해야 하는 것도 아니고 꼭 대학을 졸업해야 하는 것도 아니에요. 좋은 제품이 있고 내가 그걸 정말 열심히 팔아보겠다는 마음만 있으면 얼마든지 잘될 수 있기 때문에 청소년들이 관심을 가지고 계속 연구하고 연습하고 공부한다면 일반 아르바이트를 하는 것보다, 대기업에 들어가는 것보다 훨씬 나은 일이 될 수도 있을 거라 믿어요.

김정은 실제로 30대 초반에 대기업에 다니던 분이 퇴사를 하고 라이브 커머스로 부모님이 키운 과일을 팔아서 대박이 나기도 했어요. 소규모에서 대규모까지 다양한 라인이 펼쳐져 있으니 마음만 먹으면 누구든 돈을 벌 수 있죠.

김지혜 돌아다니다 예쁜 옷을 봤다면 그 옷을 조금 싸게 구입한 후 라이브 커머스를 통해 공동 구매를 진행할 수도 있어요. 혹은 마진을 더 붙여서 판매할 수도 있고요. 생각해 보면 아이디어는 넘쳐 나요. 좀 불안하다면 다른 일을 하면서 퇴근 후의 저녁 시간이나 주말 시간 등 자투리 시간을 투자해서도 얼마든지 할 수 있죠.

김정은 누구나 할 수 있으면서 말씀하신 대로 서브 잡이 될 수도 있어요. 메인 잡이 있는 사람이 라이브커머스호스트를 부케로 활용하는 거죠.

라이브커머스호스트를 꿈꾸는 사람들에게 어떤 역할을 하고 싶으세요?

김지혜 먼저 라이브 커머스를 시작한 선배로서 라이브커머스호스트를 꿈꾸는 사람들에게 어떤 역할을 하고 싶으세요? 후배들에게 어떤 길을 열어주고 싶은지 궁금해요.

김정은 최근 들어 퇴직을 하는 연령이 점점 낮아지고 있는데, 누가 퇴직 후와 관련되어 이런 이야기를 하더라고요. 이사가 나와서 국밥집을 차리면 조그만 점포 하나 하는 거고, 부장이 나와서 국밥집을 차리면 건물 1층 정도는 자신의 가게로 만들 수 있고, 과장이 나와서 국밥집을 차리면 건물주도 될 수 있다는 얘기였어요. 젊을수록 환경에 적응하는 속도가 빠르고 세태를 읽는 눈도 밝으니 능력이 있고 계속해서 자기 개발을 한다면 누구라도 사장이 되고 건물주가 될 수 있다는 거겠죠. 그런 점에서 젊은 친구들이 라이브 커머스에 도전한다면 성장할 가능성이 더 크다고 생각해요. 그 도전의 길에 제가 길잡이 역할을 하고 싶어요. 아마도 제가 1세대 라이브커머스호스트일 텐데, 쇼호스트부터 시작해서 여러 플랫폼을 거치며 다양한 경험을 했기 때문에 누구에게든 맞춤형으로 실전과

이론을 가르칠 수 있거든요. 사람들 각자의 스타일을 파악하고 그들이 가장 잘할 수 있는 게 뭔지 찾아주고 싶어요. 그분들 각자에게 맞는 방향을 제시해 주는 게 제 바람이에요.

김지혜 저는 지금 운영하고 있는 성우 아카데미의 교육 사업 영역을 조금씩 넓혀가고 싶어요. 그 일환으로 얼마 전에 인강을 오픈했죠. 일단은 성우 공채시험 대비 인강을 오픈했는데 차후에는 라이브 커머스 잘하기나 회사원을 대상으로 한 프레젠테이션 잘하기 등 다양한 콘텐츠의 강의를 개설하려고 해요. 코로나 시대를 통과하면서 비대면 교육이 활성화되었고 앞으로도 그 추세는 계속될 거라 생각해요. 그런 흐름에 발맞춰서 저 역시 비대면 콘텐츠를 지속적으로 제작해 공급해 나갈 예정이에요. 특히 지방에 있는 청소년들의 경우 교육의 기회가 적기 때문에 인강에 대한 수요가 많죠. 물론 오프라인으로 배우는 것에 비해 부족한 부분도 있겠지만 어느 정도의 궁금증이나 배움의 욕구는 해소할 수 있을 거예요. 다양한 콘텐츠의 인강을 제작해 그런 친구들에게 도움이 되고 싶어요.

김정은 청소년이든 제2의 인생을 꿈꾸는 대표들이든 라이브 커머스를 어떻게 시작해야 할지 몰라 막막한 사람들에게는 틀을 잡아서 제시하는 것이 무엇보다 필요하다고 생각해요. 그렇기에 저는 자신에게 맞는 채널을 어떻게 찾을 수 있을지, 소구포인트는 어떻게 잡을 것인지 등의 코칭을 해주면서 전반적인 컨설팅을 해주어 자리를 잡을 수 있도록 도와주고 싶어요. 만약 라이브커머스호스트가 되고 싶은 청소년들이 있다면 그 친구들에게 꼭 필요한 기본적인 지식을 알려주고 연습하는 방법을 제시해 줘서 그 꿈을 키워나갈 수 있도록 지원해 주고 싶고요. 대학에서도 라이브커머스학과가 생기는 추세라 거기서 강의를 한다든지 혹은 제가 방송하는 곳에 그 친구들을 초대해 참관하면서 실전을 배울 수 있게 한다든지 방법은 많으니 다양한 방식으로 교육할 수 있겠죠. 그리고 평범한 라이브 커머스 말고 남들이 하지 않는 새로운 라이브 커머스를 보여줄 거예요. 지금도 사람들이 놀라는 것이 제 라이브 방송이 굉장히 버라이어티하단 거거든요. 패션쇼 현장에서 라이브 방송을 한 적도 있고, 뉴욕 출신 소프라노 에리카와 함께 디너쇼 콘셉트로 드레스를 입고 노래를 부르는 라이브 방송도 한 적이 있어요. 심지어 기획, 섭외, 방송까지 함께 만들어가는 3LIFes 채널에서는 지인인 외국인 배우 친구들을 섭외해서 글로벌한 모습을 보여주기도 했죠. 매번 도전을 멈추지 않고 '라이브 커머스 어디까지 해봤니'의 느낌으로 계속해서 새로운 모습을 보여드리고 싶어요. 라이브 커머스의 세계가 이렇게 무궁무진하다는 걸 알려주고 싶거

든요. 이제 이 분야는 기획과 연출까지 해야 경쟁력이 있는 시대가 되었어요. 상품에 대해 잘 알고 무엇보다 좋아서 선택을 했다면 내가 가장 전문가이기 때문에 기획도 같이 하는 것은 여러모로 도움이 되죠. 저 역시 좋은 상품을 선별하는 것부터 스튜디오에서 하는 게 좋은지 혹은 야외에서 하는 게 더 나은지, 조명을 추가할 필요가 있는지, 어떤 시연을 하는 게 적합한지 등 방송을 위한 모든 기획

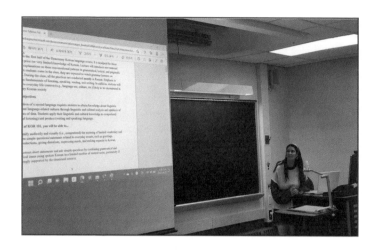

과 연출을 총괄하는 방향으로 나아갈 거예요. 미니 홈쇼핑에서 스튜디오도 만들고 PD가 되어 연출도 하고 MD가 되어서 기획도 하고 방송까지 진행하는 쇼호스트가 되는 거죠. 1인 크리에이터 시대가 바로 그런 것이고 좀 더 확장된 버전의 라이브 커머스가 되는 것이겠지요. 저는 현재 미국 인디애나주 퍼듀대학의 SLC(School of Language and Culture) 한국어과 Visiting Scholar로 초청받아 미국에 있어요. 2년 정도 학생들을 가르치며 함께 연구할 예정이죠. 한국어 발음을 교육하고 교정도 해주고 한국 문화에 대한 얘기도 해줄 거예요. 라이브 커머스는 우리나라에서 가장 빨리 활성화

되었기 때문에 대학에서 이를 알릴 수 있는 기회도 있을 것 같고요. 마지막으로 1세대 라이브커머스호스트로서는 지금도 여전히 산업이 만들어지는 초장기라 올바른 길을 보여주는 좋은 선배가 되고 싶은 마음이 있어요. 제 행로와 이 책이 여러분의 등대이자 이정표가 되었으면 해요. 계속해서 모범이 될 수 있도록 늘 신선한 라이브커머스로 찾아뵐게요.

김지혜 물건을 파는 입장에서는 당연히 판로가 하나라도 더 있는 게 도움이 되기 때문에 라이브 커머스는 훌륭한 도구가 될 거라 생각해요. 라이브 방송을 하는 데는 돈도 들어가지 않는데요. 저는 그 점이 매우 중요한 요소라고 생각해요. 수수료를 내지만 그건 물건이 팔렸을 때 지불하는 거라, 물건이 팔리지 않으면 낼 필요가 없죠. 내 시간을 쓰는 거, 그거 하나만 하면 새로운 판로를 개척할 수 있단 거예요. 그래서 저는 주변 사람들에게 돈 드는 거 아닌데 왜 안 하냐고 해요. 돈 드는 거 아니니 부조건 하라고 얘기하죠. 여러분도 손해 볼 게 하나 없으니 지금 당장 시작하셨으면 해요.

김정은 맞아요. 누구든 마음만 먹으면 시작할 수 있죠. 이 글을 읽는 여러분에게도 혼자서 할 수 있는 힘이 있었으면 좋겠어요. 하루라도 더 빨리 시작하면 좋겠고요. 세상은 계속 변하고 아마 이 글을 읽는 중에도 라이브 커머스 시장은 계속 변하고 있을 거예요. 한 번이라도 해보지 않으면 알 수가 없어요. 전에는 뭔가를 할 때 생각과 고민을 많이 하고 실행으로 옮기는 시대였다면, 이젠 고민하는 순간 또 다른 세상으로 정말 빠르게 변화하는 시대가 되었죠. 생각은 짧게 실행은 바로, 일단 도전해 보세요. 그럼 분명 자신감도 생기고 답이 보일 거예요. 해보지 않으면 알 수가 없거든요. 비용이 부담스럽다면 혼자서라도 먼저 꼭 한번 해보세요!

김지혜 대행사에 의뢰하면 비용을 내야 하지만 말씀하신 대로 혼자 할 수 있는 능력이 있다면 돈 한 푼 들이지 않고 시작할 수 있는 게 라이브 커머스예요. 시간만 들이면 되는 데다 내가 편한 시간으로 조정을 할 수 있으니 학생도 직업이 있는 분도 가능하죠. 오롯이 혼자 방송을 하게 되면 모든 걸 내 마음대로 할 수 있다는 장점도 있고요. 그렇게 혼자서 시작하다 길이 조금씩 보이고 이제 비용을 좀 들여도 되겠다 싶으면 그때 돈을 쓰면 돼요. 처음엔 누구나 어색할 수 있고, 못할 수 있어요. 그러나 하다 보면 점점 늘죠. 방송이지만 연습이라고 생각하고 시작하세요. 모니터를 해보고 부족한 부분은 체크해서 그 부분을 조금씩 개선해 나가면 돼요. 일단은 무조건 도전하세요! 라이브 커머스를 꿈꾸고 있는 청소년들이라면 지금부터라도 정확한 발음으로 또박또박 말하는 연습을 충분히 해두세요. 평소의 언어습관만 잘 되어 있으면 얼마든지 멋진 라이브 커머스 방송을 할 수 있답니다. 성공은 꿈꾸는 자의 것이에요. 꿈꾸고, 도전하세요!

김정은　앞으로 라이브 커머스 시장은 장르, 시간, 공간 제약 없이 굉장히 커질 거예요. 단순히 물건을 판매하는 통로가 아닌 내 재능과 꿈, 업적 등을 판매하고 홍보할 수 있는 장이 될 거란 거죠. 랜선 쇼핑으로 시작했지만 랜선 패션쇼, 랜선 음악회, 랜선 콘서트 등 새로운 장르를 이미 경험한 분들도 많을 거예요. 유튜버가 되고 싶고 크리에이터가 되고 싶은 재능 많은 청소년들이라면 자신의 재능과 끼를 발휘해서 먼저 나를 소개하고 나를 판매하는 라이브 커머스에 도전해 보세요. 라이브 커머스의 시작은 자기소개일 수도 있어요. 자기 PR을 라이브로 해보는 거예요. 미래의 누군가가 당신의 재능을 사는 소비자가 될 수도 있으니까요. 가수나 아이돌이 춤과 노래로 오디션 무대에서 기량을 펼치듯, 여러분은 여러분만의 매력과 능력으로 라이브 커머스에서 당신을 어필할 수 있어요. 다같은 변호사라도 라이브 방송에서 매력적으로 본인을 소개하고 경력을 어필할 수 있다면 더 많은 사람들이 그 변호사를 찾겠죠. 물론 모든 분야가 다 그런 건 아닐 거예요. 하지만 청소년 여러분에겐 자기 PR이 아주 좋은 연습이 될 거예요. 먼저 자신을 PR 하는 방법으로 연습해 보세요. 무조건 내 장점만 늘어놓으라는 말은 아니에요. 나를 가장 매력적으로 소개하기, 나라는 인물의 소구포인트 세 가지 만들기 등 다양한 방법을 시도해 보세요. 하다 보면 내가 가장 잘할 수 있는 것, 내가 가장 좋아하는 나 자신을 찾게 될 거고, 비로소 진짜 나를 발견할 수 있을 거예요. 한번 시작해 보세요. 시작이 반이라고 하죠. 지금 라이브 커머스에 관심이 있다면 여러분은 어차피 라이브 방송을 할 거랍니다. 한번 시작하고 나면 별거 아니라는 생각이 들 거고요. 할까 말까 고민하는 시간에 시작하세요. 지금 시작하세요! 라이브 커머스 선배로서, 당신의 능력을 사는 소비자로서 여러분을 응원할게요!

청소년들의 진로와 직업 탐색을 위한
잡프러포즈 시리즈 54

무한한 가능성이 열리는
라이브커머스호스트

2022년 10월 1일 | 초판1쇄

지은이 | 김정은 · 김지혜
펴낸이 | 유윤선
펴낸곳 | 토크쇼

편집인 | 박가영
교정 교열 | 박지영
표지디자인 | 이희우
본문디자인 | 김연희
마케팅 | 김민영

출판등록 2016년 7월 21일 제2019-000113호
주소 | 서울시 서초구 나루터로 69, 107호
전화 | 070-4200-0327
팩스 | 070-7966-9327
전자우편 | myys327@gmail.com
블로그 | http://blog.naver.com/talkshowpub
ISBN | 979-11-91299-94-6 (43190)
정가 | 15,000원